Contigo

Grammatisches Beiheft 1

Ausgabe A in 2 Bänden

C.C. BUCHNERS VERLAG · BAMBERG

Contigo

Grammatisches Beiheft 1
Ausgabe A in 2 Bänden

Herausgegeben von Mónica Duncker und Eva-Maria Hammer
Bearbeitet von Martha Freudenstein

1. Auflage 1 5 4 3 2 1 2016 15 14 13 12
Die letzte Zahl bedeutet das Jahr dieses Druckes. Alle Drucke dieser Auflage sind, weil untereinander unverändert, nebeneinander benutzbar.

Dieses Werk folgt der reformierten Rechtschreibung und Zeichensetzung. Ausnahmen bilden Texte, bei denen künstlerische, philologische oder lizenzrechtliche Gründe einer Änderung entgegenstehen.

www.ccbuchner.de

Redaktion: Michaela Silvia Hoffmann
Illustrationen: Heinrich Drescher, Münster
Gestaltung und Satz: Jutta Eckel, ideen.manufaktur | dortmund
Druck und Bindung: Stürtz GmbH, Würzburg

ISBN 978-3-7661-**6969**-3

Vorwort

Das Grammatische Beiheft zu ***Contigo A1*** richtet sich im Aufbau nach dem Schülerband und führt in übersichtlicher Form ausgehend von Beispielsätzen zu klaren Regelformulierungen. Gelegentlich helfen dir Vergleiche mit dem Englischen und dem Französischen sowie kleine Schemata zur Darstellung grammatischer Inhalte, das Gezeigte besser zu verstehen und es dir einzuprägen. Auch die Protagonisten des Schülerbands findest du auf den Seiten der Grammatik wieder.

Im Anhang kannst du alle regelmäßigen und unregelmäßigen Verbkonjugationen aus ***Contigo A1*** nachschlagen, und du findest dort auch eine Liste aller Verben des Schülerbands mit unregelmäßigen Formen sowie das Stichwortverzeichnis. Damit kannst du das Grammatische Beiheft auch als Nachschlagegrammatik verwenden.

Im Grammatischen Beiheft begegnen dir außerdem folgende Zeichen und Abkürzungen:

→ G Hier findet sich ein Verweis auf ein anderes Kapitel des Grammatischen Beihefts.

receptivo Dieses Symbol kennzeichnet grammatische Sachverhalte, von denen du zwar einmal gehört haben solltest, die du aber nicht selbst anzuwenden brauchst.

dt. deutsch
Sg. Singular
Pl. Plural

E Englisch
F Französisch

Índice

Seite

Etapa 3 *Ir a clase*

Etapa 4 *¿Tienes tiempo?*

Etapa 5 *De compras*

Seite

Etapa 6 *Sobre gustos y colores …*

Etapa 7 *De vacaciones*

Etapa 8 *Mala suerte*

Etapa 1 *En España*

1.1 Das spanische Alphabet (el alfabeto)

Paso 1

a	(a)	**h**	(hache)	**ñ**	(eñe)	**u**	(u)
b	(be)	**i**	(i)	**o**	(o)	**v**	(uve / ve)
c	(ce)	**j**	(jota)	**p**	(pe)	**w**	(doble uve / doble ve)
d	(d)	**k**	(ka)	**q**	(cu)		
e	(e)	**l**	(ele)	**r / rr**	(erre)	**x**	(equis)
f	(efe)	**m**	(eme)	**s**	(ese)	**y**	(i griega / ye)
g	(ge)	**n**	(ene)	**t**	(te)	**z**	(zeta)

Das spanische Alphabet besteht aus 27 Buchstaben. *k* und *w* kommen nur in Fremdwörtern vor. Alle Buchstaben sind dem grammatischen Geschlecht nach feminin: *la "a", la "b",* etc.

1.2 Die Aussprache (la pronunciación)

Paso 1

Beim Spanischen geht die Aussprache meist aus der Schreibung hervor. Folgende Unterschiede zum Deutschen müssen berücksichtigt werden:

Die Konsonanten (las consonantes)

c / g

- vor *e, i*:
  - **c** [θ] Barcelona, gracias
  - **g** [χ] Argentina, Gijón
- vor *a, o, u* und Konsonanten:
  - **c** [k] Cáceres, como, Cuba, Santa Cruz
  - **g** [g] Galicia, luego, regular, gracias

ch	[tʃ]	chico	wie dt. *tsch* in *Peitsche*
h		hasta	ist immer stumm
j	[χ]	José	wie *ch* in *acht*
ll	[ʎ, j]	Mallorca	wird heute nur noch wie dt. *j* gesprochen
ñ	[ɲ]	España	wie *nj* in dt. *Anja*
qu	[k]	que	der spanische k-Laut vor *e* und *i*. Das *u* ist immer stumm.
r	[r]	María	einmalig gerolltes Zungenspitzen-*r*
rr	[r̄]	Marruecos	stark gerolltes Zungenspitzen-*r*
v	[b]	Valencia	am Wortanfang wie dt. weiches *b*,
	[ß]	Javier	zwischen Vokalen als Laut zwischen dt. *w* und *b*
z	[θ]	Ibiza	der Laut [θ] vor *a, o, u*.

Besonderheiten:

Miguel, Águilas
eingefügtes stummes *u*, dadurch wird das *g* auch vor *e* und *i* wie [g] gesprochen
lingüista
u mit Trema (kein dt. *ü*); es bedeutet, dass das *u* mitgesprochen wird

Die Vokale (las vocales)

Aussprache: halb offen und halb lang.
a, e, o gelten als starke Vokale, *i* und *u* als schwache Vokale.

a	vamos	wie in dt. *Fass*
e	vemos	zwischen dt. *Beet* und *Bett*
i	vino	wie in dt. *Lied*
o	donde	zwischen dt. *Gott* und *Tod*
u	rubio	wie in dt. *Mut*

el Teide

Die Doppelvokale (Diphthonge) (los diptongos)

Treffen im Spanischen zwei Vokale aufeinander, bilden sie keinen neuen Laut, sondern werden beide gesprochen. In folgenden Kombinationen bilden sie eine einzige Silbe und gelten somit als Diphthonge:

– starker Vokal + schwacher Vokal: Der Ton liegt immer auf dem starken Vokal.

ai	baile	ei	Teide
au	restaurante	eu	Europa
		oi	soy

– schwacher Vokal + starker Vokal: Der Ton liegt immer auf dem starken Vokal.

ia	Alemania	ua	cuatro
ie	bien	ue	bueno
io	rubio	uo	antiguo

– schwacher Vokal + schwacher Vokal: Der Ton liegt auf dem zweiten Vokal.

iu	ciudad	ui	fuimos

1.3 Betonung und Akzent (el acento y la tilde)

Paso 1

Für mehrsilbige Wörter gelten folgende Regeln:

Wortende	Betonung	Beispiel
Vokal n, s	vorletzte Silbe	mañ<u>a</u>na ex<u>a</u>men, am<u>i</u>gos
Konsonant (außer n oder s)	letzte Silbe	ciud<u>a</u>d, regul<u>a</u>r, españ<u>o</u>l
Alle Ausnahmen werden auf derjenigen Silbe betont, die Akzent trägt.		oc<u>é</u>ano, alem<u>á</u>n, f<u>á</u>cil

→

– Tragen *i* oder *u* in einer Vokalkombination einen Akzent, liegt kein Diphthong vor, d. h. die Buchstaben werden als getrennte Vokale in getrennten Silben gesprochen.

días, María, Anahí, país

– Trägt jedoch der starke Vokal innerhalb eines Diphthongs einen Akzent, bedeutet dies, dass die Silbe, die den Diphthong enthält, betont ist.

adiós, diálogo, también

– Einsilbige Wörter tragen nur Akzent, damit man sie von gleichlautenden Wörtern unterscheiden kann:

tú du ⟷ tu dein   él er ⟷ el der

Juan Manuel: Wo ist Javier?
Beatriz: Er ist im Park. Und du, warum bist du nicht im Park bei deinem Freund?

– Frage- und Ausrufewörter tragen ebenfalls Akzent:

¿qué?	was?
¿cómo?	wie?
¡qué tarde!	wie spät (es doch ist)!

1.4 Groß- und Kleinschreibung (el uso de mayúsculas y minúsculas) *Paso 1*

Im Spanischen werden grundsätzlich alle Wörter klein geschrieben.
Ausnahmen: Eigennamen z. B. von Menschen, Ländern, Städten, Meeren, Flüssen etc.

1.5 Die Subjektpronomen (los pronombres personales de sujeto) *Paso 2*

<table>
<tr><th></th><th colspan="2">Singular</th><th colspan="2">Plural</th></tr>
<tr><th></th><th>maskulin</th><th>feminin</th><th>maskulin</th><th>feminin</th></tr>
<tr><td>1. Person</td><td colspan="2">yo</td><td>nosotros</td><td>nosotras</td></tr>
<tr><td>2. Person</td><td colspan="2">tú</td><td>vosotros</td><td>vosotras</td></tr>
<tr><td>3. Person</td><td>él</td><td>ella</td><td>ellos</td><td>ellas</td></tr>
<tr><td>höfliche Anrede</td><td colspan="2">usted</td><td colspan="2">ustedes</td></tr>
</table>

Im Spanischen werden Subjektpronomen meist nur gebraucht, wenn

– sie besonders betont sind, z. B. bei Gegenüberstellungen.

Él es de Albacete, y **yo** soy de Buenos Aires.
Er kommt aus Albacete, und ich komme aus Buenos Aires.

– der Bezug sonst nicht eindeutig ist.

María Jesús y Juan Manuel son amigos. **Ella** es de Albacete y **él** es de Andalucía.
María Jesús und Juan Manuel sind Freunde. Sie ist aus Albacete und er ist aus Andalusien.

– kein Verb vorhanden ist.

¿Sois de Argentina? —**Yo** sí, pero **ellos** no.
Seid ihr aus Argentinien? —Ich schon, aber sie nicht.

Die Höflichkeitsformen *usted* (abgekürzt Ud., Vd.) und *ustedes* (Uds., Vds.) werden jedoch häufig verwendet:

¿Habla **usted** español?
Sprechen Sie Spanisch?

1.6 Das Verb *ser* (el verbo *ser*)

Paso 2

	Singular		Plural	
1	yo	soy	nosotros/-as	somos
2	tú	eres	vosotros/-as	sois
3	él / ella / usted	es	ellos/-as / ustedes	son

Berni: Ich bin Berni, und wer bist du?
Tintín: Ich bin Tintín.

1.7 Der Artikel (el artículo)

Paso 2

	Singular maskulin	Singular feminin	Plural maskulin	Plural feminin
bestimmter Artikel **el artículo determinado**	el	la	los	las
unbestimmter Artikel **el artículo indeterminado**	un	una	unos	unas

Beachte:

unos amigos de Madrid	(einige) Freunde aus Madrid
unos 10 minutos	ungefähr zehn Minuten

Die Verwendung des Artikels entspricht im Allgemeinen dem Deutschen.

Beachte folgende Unterschiede und Besonderheiten:
Der bestimmte Artikel steht im Spanischen

- vor *señor/-a* + Name:

El señor García es de Barcelona. — Herr García ist aus Barcelona.

Der Artikel steht jedoch nicht in der direkten Anrede:
Buenos días, señora Fernández. — Guten Tag, Frau Fernández.

- in allgemeinen oder verallgemeinernden Aussagen:

El español es interesante. — Spanisch ist interessant.
Los perros son inteligentes. — Hunde sind klug.

1.8 Das Substantiv (el sustantivo)

Paso 2

maskulin Endung	maskulin Beispiel	feminin Endung	feminin Beispiel	maskulin oder feminin Endung	maskulin oder feminin Beispiel
-o	el libro	-a	la amiga	-e	el norte la calle
				-Konsonant	el mar la ciudad

Die Bildung des Plurals

Singular	Plural	Regel
el chico la amiga el restaurante	los chicos las amigas los restaurantes	Wortende Vokal: + s
el señor la ciudad	los señores las ciudades	Wortende Konsonant: + es

1.9 Das Adjektiv (el adjetivo)

Paso 2

Adjektive

- können attributiv (1) oder prädikativ (2) verwendet werden:
  (1) Anahí es una chica guapa.
  (2) La chica es muy guapa.
- stimmen in Numerus und Genus mit dem Bezugswort überein.
- stehen bei attributiver Verwendung hinter dem Bezugswort.

Die Endungen der Adjektive:

maskulin	feminin
-o un chico alto ein großer Junge	-a una ciudad pequeña eine kleine Stadt
-e un chico inteligente ein intelligenter Junge	una chica inteligente ein intelligentes Mädchen
-Konsonant un estudiante regular ein mittelmäßiger Schüler	una estudiante regular eine mittelmäßige Schülerin

Beachte:
Adjektive, die auf Konsonant enden, aber von Länder- oder Städtenamen abgeleitet sind, haben immer feminine Formen:

un chico español	una chica española
un señor alemán	una señora alemana

Der Plural wird wie bei den Substantiven gebildet (Anhängen von *-s* bzw. *-es*). → G 1.8

Berni: Ich bin ein kleiner Hund.

1.10 Die Verbindung Präposition + Substantiv als Kasusentsprechung (la estructura preposición + sustantivo para indicar los casos)

Paso 2

Da es im Spanischen keine Kasusendungen gibt, werden die Fälle mithilfe von Präpositionen wiedergegeben.

Genitiv:

de + Substantiv	el perro **de** Javier las amigas **de** María	Javiers Hund Marías Freundinnen

Berni: Ich bin Javiers Hund, und du?
Tintin: Ich bin der Hund von Luis.

1.11 Die Verben auf *-ar* (los verbos *-ar*)

Paso 3

hablar

	Singular		Plural	
1	yo	habl**o**	nosotros/-as	habl**amos**
2	tú	habl**as**	vosotros/-as	habl**áis**
3	él / ella / usted	habl**a**	ellos/-as / ustedes	habl**an**

Ebenso werden konjugiert:
ayudar, charlar, esperar, estudiar, trabajar, viajar.

1.12 Das Verb *estar* (el verbo *estar*)

Paso 3

	Singular		Plural	
1	yo	est**oy**	nosotros/-as	estamos
2	tú	estás	vosotros/-as	estáis
3	él / ella / usted	está	ellos/-as / ustedes	están

1.13 Die Präpositionen (las preposiciones)

Paso 3

a nach, zu	Javier viaja **a** Los Olmos.	Javier reist **nach** Los Olmos.
con mit, bei	Habla **con** la abuela.	Er spricht **mit** der Großmutter.
de aus, von, über	La abuela es **de** Barcelona. Habla **de** la ciudad.	Die Großmutter ist **aus** Barcelona. Sie spricht **von** der Stadt.
en in, an	Los Olmos está **en** las montañas. Laura no está **en** casa de los abuelos. Estudia **en** la universidad.	Los Olmos liegt **in** den Bergen. Laura ist nicht **bei** den Großeltern. Sie studiert **an** der Universität.

Beachte:

a + el = **al**	Javier viaja **al** pueblo. Javier reist **ins** Dorf.
de + el = **del**	El abuelo es **del** norte de España. Der Großvater ist **aus dem** Norden Spaniens.

Javier: Die Großmutter ist aus Barcelona. Der Großvater ist aus dem Norden Spaniens.

1.14 Die einfache Verneinung (la negación simple)

Paso 2

no steht immer vor dem konjugierten Verb.

No son de Alemania.	Sie sind **nicht** aus Deutschland.

Mit *no* werden auch Fragen verneint. Soll der Satz weitergeführt werden, muss vor der konjugierten Verbform noch einmal *no* eingefügt werden.

¿Eres de España, Anahí? **No, no** soy de España, soy de Argentina.	Bist du aus Spanien, Anahí? **Nein**, ich bin **nicht** aus Spanien, ich bin aus Argentinien.

dt. *kein* + Substantiv entspricht im Spanischen *no* + Verb + Substantiv (ohne Artikel).

No somos estudiantes.	Wir sind **keine** Schüler / Studenten.

1.15 Die Fragewörter (los pronombres interrogativos)

Pasos 2, 3, 4

¿Qué? Was?	¿Qué conoces? Was kennst du?
¿De qué? Wovon?	¿De qué hablas? Wovon sprichst du?
¿Por qué? Warum?	¿Por qué estudias español? Warum lernst du Spanisch?
¿Quién? Wer? (Sg.)	¿Quién es Paco de Lucía? Wer ist Paco de Lucía?
¿Quiénes? Wer? (Pl.)	¿Quiénes son los señores? Wer sind die Herren?
¿Con quién? Mit wem?	¿Con quién hablas? Mit wem sprichst du?
¿Dónde? Wo?	¿Dónde está la playa? Wo ist der Strand?
¿De dónde? Woher?	¿De dónde eres? Woher kommst du?

Carlos: Wer ist deine Freundin, Farouk?

Carlos: Wer sind deine Freundinnen, Farouk?

In Fragen mit Präpositionen stehen diese wie im Deutschen vor dem jeweiligen Fragewort.
Im Gegensatz zum Deutschen hat das Fragewort „Wer?" im Spanischen auch eine Pluralform: *¿Quiénes?* wird verwendet, wenn die Frage sich auf mehrere Personen bezieht.

¡Qué bien hablas español!	Wie gut du Spanisch sprichst!
¡Qué interesante es la ciudad!	Wie interessant die Stadt ist!

Beachte:
Frage- und Ausrufesätze werden mit den umgekehrten Satzzeichen eingeleitet und mit den entsprechenden Satzzeichen wieder abgeschlossen. Die umgekehrten Satzzeichen stehen auch innerhalb eines Satzgefüges:

Eres estudiante, pero ¿qué estudias?	Du bist Student, aber was studierst du?
No eres española, pero ¡qué bien hablas español!	Du bist keine Spanierin, aber wie gut du Spanisch sprichst!

¿? ¡!

1.16 Der Gebrauch von *ser, estar, hay* (el uso de *ser, estar, hay*)

Paso 4

ser

Das Verb *ser* wird verwendet, wenn dem Subjekt eine wesentliche Eigenschaft, deren Dauer und Veränderlichkeit unwichtig sind, zugeschrieben wird. Dazu gehören:

- Beruf, Nationalität, Verwandtschaftsverhältnisse, Religionszugehörigkeit

Juanse **es** el hermano de Anahí.	Juanse ist der Bruder von Anahí.
Ellos **son** argentinos.	Sie sind Argentinier.

- Aussehen, Charakter

Nur **es** muy guapa.	Nur ist sehr hübsch.
Además **es** muy tranquila.	Außerdem ist sie sehr ruhig.

- Besitz, Zugehörigkeit, Herkunft (mit *de*)

El perro **es** de Javier.	Der Hund ist von / gehört Javier.
Javier **es** de Albacete.	Javier ist aus Albacete.

- Identifizierung von Personen, Definition von Sachen

¿Qué **es**? —**Es** un diccionario de español.	Was ist das? —Das ist ein Spanischwörterbuch.
El español **es** el idioma oficial en muchos países.	Das Spanische ist in vielen Ländern Amtsprache.

estar

Mit dem Verb *estar* gibt man an,

- wo jemand oder etwas sich befindet:

Estamos en Buenos Aires.	Wir sind in Buenos Aires.
Buenos Aires **está** en Argentina.	Buenos Aires ist in Argentinien.

- wie es jemandem gerade geht:

¿Cómo **estás**?	Wie geht es dir?
—Yo **estoy** bien, gracias.	—Mir geht es gut, danke.

⟶

hay und *estar*

hay wird zusammen mit unbestimmten Angaben und mit Zahlen verwendet. Darunter versteht man:	***estar*** wird zusammen mit bestimmten Angaben verwendet. Darunter versteht man:
– Substantive ohne Artikel (meist Plural) ¿**Hay** montañas en España? Gibt es Berge in Spanien?	– bestimmter Artikel + Substantiv Las montañas **están** en el norte. Die Berge sind im Norden.
– unbestimmter Artikel + Substantiv En Barcelona **hay** una playa. In Barcelona gibt es einen Strand.	– Eigennamen und Personalpronomen Madrid **está** en el centro de España. Madrid ist im Zentrum Spaniens. Nosotros **estamos** en el restaurante. Wir sind im Restaurant.
– indefinites Adjektiv + Substantiv **Hay** mucha gente en la pista de esquí. Es sind viele Leute auf der Skipiste.	
– Zahl + Substantiv → G 2.3 **Hay** tres restaurantes típicos en la ciudad. Es gibt drei typische Restaurants in der Stadt.	

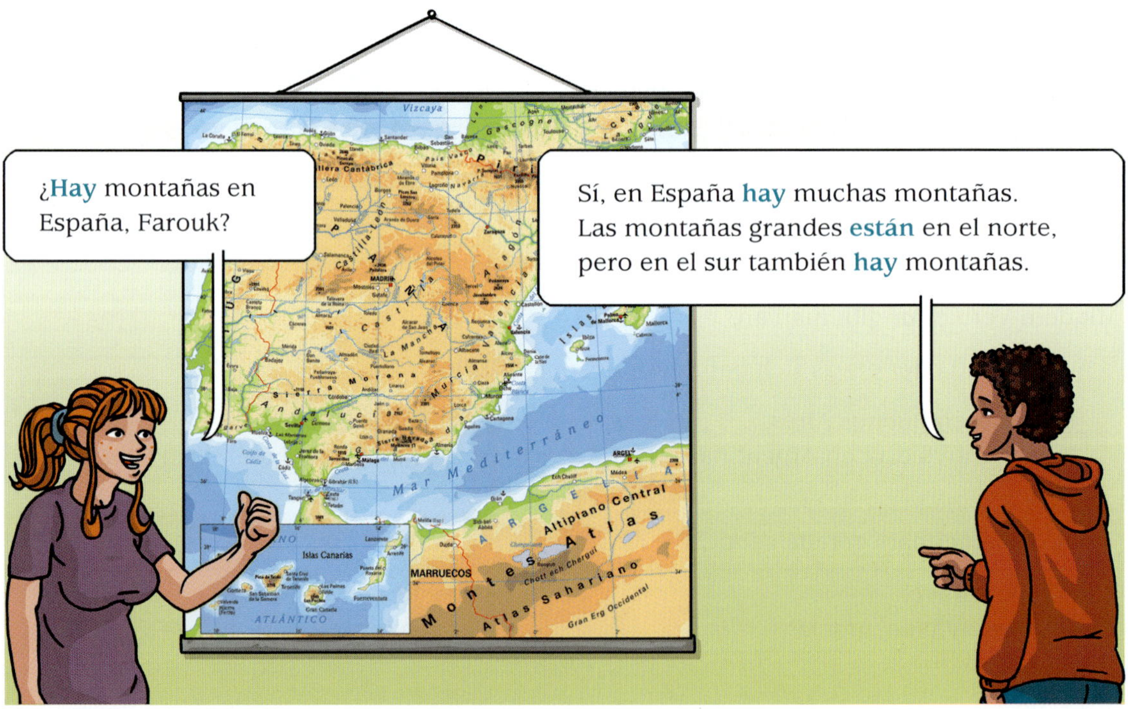

Anahí: Gibt es Berge in Spanien, Farouk?
Farouk: Ja, in Spanien gibt es viele Berge. Die großen Berge sind im Norden, aber auch im Süden gibt es Berge.

Etapa 2 *La familia*

2.1 Die Verben auf *-er* (los verbos *-er*)

Paso 1

comer

	Singular		Plural	
1	yo	como	nosotros/-as	comemos
2	tú	comes	vosotros/-as	coméis
3	él / ella / usted	come	ellos/-as / ustedes	comen

Ebenso werden konjugiert: *beber, leer*.

2.2 Personen als indirektes oder direktes Objekt (el complemento indirecto o directo cuando se trata de una persona)

Paso 1

Da es im Spanischen keine Kasusendungen gibt, werden die Fälle mit Hilfe von Präpositionen wiedergegeben. → G 1.10

indirektes Objekt: a + Substantiv	La madre prepara el desayuno a los hijos. Die Mutter bereitet den Kindern das Frühstück. María Jesús lee un libro a Leticia. María Jesús liest Leticia ein Buch vor.
direktes Objekt – bei Sachen: Substantiv	Gabriel come un bocadillo. Gabriel isst ein Sandwich.
– bei Personen: a + Substantiv	Luis visita a la bisabuela. Luis besucht die Urgroßmutter.

Das indirekte Objekt entspricht im Deutschen dem Dativ, das direkte dem Akkusativ.

Tipp:

Da es sich beim indirekten Objekt meist um eine Person handelt, ist es einfacher, sich folgenden Satz zu merken: Ein Personenobjekt wird immer mit *a* angeschlossen.

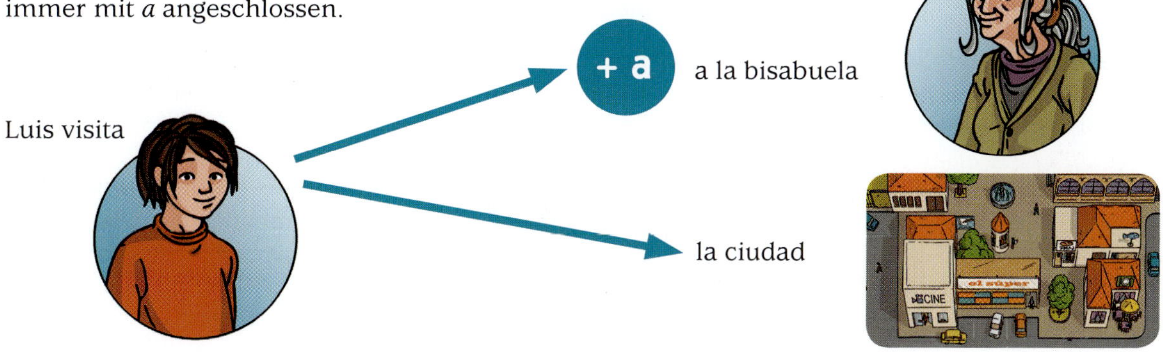

2.3 Die Grundzahlen von 0 bis 30 (los números cardinales de 0 a 30) *Pasos 1, 2*

0	cero				
1	un/-a/-o	11	once	21	veintiún/-una/-o
2	dos	12	doce	22	veintidós
3	tres	13	trece	23	veintitrés
4	cuatro	14	catorce	24	veinticuatro
5	cinco	15	quince	25	veinticinco
6	seis	16	dieciséis	26	veintiséis
7	siete	17	diecisiete	27	veintisiete
8	ocho	18	dieciocho	28	veintiocho
9	nueve	19	diecinueve	29	veintinueve
10	diez	20	veinte	30	treinta

Die Grundzahlen sind unveränderlich, mit Ausnahme von *un/-a/-o* und allen damit zusammengesetzten Zahlen. Vor einem maskulinen Substantiv wird *uno* zu *un* verkürzt.

¿Hay un restaurante aquí?	Gibt es hier ein Restaurant?
—Sí, hay **un** restaurante en la Plaza Picasso.	—Ja, es gibt ein Restaurant am Picasso-Platz.
—Sí, hay **uno** en la Plaza Picasso.	—Ja, es gibt eins am Picasso-Platz.

Beachte:

veinti**ún** libro**s**	21 Bücher
veinti**una** casa**s**	21 Häuser

Bei allen mit *uno/un* oder *una* zusammengesetzten Zahlen steht das zugehörige Substantiv dennoch im Plural – ebenso wie im Deutschen.

2.4 Die Konjunktionen *e* und *u* statt *y* und *o* (el uso de *e* y *u* en vez de *y* y *o*) *Paso 1*

y/o	e/u	
Javier **y** María Jesús Javier und María Jesús los niños **y** niñas die Jungen und Mädchen	Juan Manuel **e** Isabel Juan Manuel und Isabel los hijos **e** hijas die Söhne und Töchter	Vor Wörtern, die mit *i-* oder *hi-* beginnen, wird y zu *e*.
Javier **o** Farouk Javier oder Farouk	uno **u** otro der eine oder andere	Vor Wörtern, die mit *o-* oder *ho-* beginnen, wird *o* zu *u*.

Soy simpático **e** inteligente.

Berni: Ich bin nett und intelligent.

2.5 Die Possessivbegleiter (los adjetivos posesivos)

Paso 2

	maskulin / feminin	maskulin	feminin
Sg.	mi	nuestro	nuestra
Pl.	mis	nuestros	nuestras
Sg.	tu	vuestro	vuestra
Pl.	tus	vuestros	vuestras
Sg.	su	su	
Pl.	sus	sus	

Die Possessivadjektive richten sich in Genus und Numerus nach dem Besitzobjekt.

¿Veis a vuestras profesoras?	Seht ihr eure Lehrerinnen?
Los chicos hablan con su profesor.	Die Kinder sprechen mit ihrem Lehrer.

2.6 Das Verb *tener* (el verbo *tener*)

Paso 2

	Singular		Plural	
1	yo	tengo	nosotros/-as	tenemos
2	tú	tienes	vosotros/-as	tenéis
3	él / ella / usted	tiene	ellos/-as / ustedes	tienen

2.7 Das Verb *hacer* (el verbo *hacer*)

Paso 3

	Singular		Plural	
1	yo	hago	nosotros/-as	hacemos
2	tú	haces	vosotros/-as	hacéis
3	él / ella / usted	hace	ellos/-as / ustedes	hacen

2.8 *tener que* + Infinitiv, *hay que* + Infinitiv (*tener que* + infinitivo, *hay que* + infinitivo)

Paso 3

***tener que* + infinitivo** müssen	***hay que* + infinitivo** man muss
Tengo que estudiar. Ich muss lernen. Tenéis que hablar con vuestros padres. Ihr müsst mit euren Eltern sprechen.	Hay que hacer los deberes. Man muss die Hausaufgaben machen.

2.9 Das Adverb (el adverbio)

Paso 4

Adjektive liefern nähere Informationen über ein Substantiv.
Das Adverb dient dazu, Verben, Adjektive oder andere Adverbien näher zu beschreiben.

Adjektiv	bueno/-a malo/-a	El libro es bueno. Leer un libro no es una mala idea.	Das Buch ist gut. Ein Buch zu lesen ist keine schlechte Idee.
Adverb	bien mal	Habláis **bien** español. No hablamos **mal**.	Ihr sprecht gut Spanisch. Wir sprechen nicht schlecht.

Beachte:
Die Adjektive *bueno/-a* und *malo/-a* stehen oft vor ihrem Bezugswort. Vor einem maskulinen Substantiv im Singular entfällt dann das *-o*:

un **buen** amigo
un **mal** día

una **buena** amiga
una **mala** idea

2.10 Der Gebrauch von *muy* und *mucho* (el uso de *muy* y *mucho*)

Paso 4

Funktion	Form oder Struktur	Beispiel
indefinites Adjektiv	*mucho/-a*	much**o** vino viel Wein much**a** gente viele Leute much**os** restaurantes viele Restaurants much**as** ciudades viele Städte
Adverb	Verb + *mucho*	María Jesús ayuda **mucho** a su madre. María Jesús hilft ihrer Mutter viel.
	muy + Adjektiv	Es **muy buena** con sus hermanos menores. Sie ist sehr lieb zu ihren jüngeren Geschwistern.
	muy + Adverb	Además toca la guitarra **muy bien**. Außerdem spielt sie sehr gut Gitarre.

María Jesús: Ich spiele sehr gut Gitarre weil ich viel übe.

2.11 Gruppenverben *e → ie* und *o → ue* (verbos con cambio vocálico *e → ie* y *o → ue*)

Pasos 3, 4, 5

Eine Reihe von Verben weicht in bestimmten Formen vom regelmäßigen Schema ihrer jeweiligen Konjugation ab. Die meisten dieser Verben lassen sich in Gruppen mit gleichen Abweichungen zusammenfassen, weswegen man sie auch als „Gruppenverben" bezeichnet.
Die Unregelmäßigkeiten treten immer in den stammbetonten Formen auf, also zum Beispiel bei pienso, piensas, piensa und piensan, nicht aber bei pensamos und pensáis, bei denen die Betonung auf der Endung liegt. Der Stamm ist der zentrale Teil des Verbs, an den die Endungen angehängt werden. Beispiel: pens-ar (Stamm-Endung).

Gruppenverben *e → ie*

Verben auf *-ar: pensar (e → ie)*

	Singular		Plural	
1	yo	pienso	nosotros/-as	pensamos
2	tú	piensas	vosotros/-as	pensáis
3	él / ella / usted	piensa	ellos/-as / ustedes	piensan

Verben auf *-er: querer (e → ie)*

	Singular		Plural	
1	yo	quiero	nosotros/-as	queremos
2	tú	quieres	vosotros/-as	queréis
3	él / ella / usted	quiere	ellos/-as / ustedes	quieren

Gruppenverben *o → ue*

Verben auf *-er: poder (o → ue)*

	Singular		Plural	
1	yo	puedo	nosotros/-as	podemos
2	tú	puedes	vosotros/-as	podéis
3	él / ella / usted	puede	ellos/-as / ustedes	pueden

Ebenso werden konjugiert:
Verben auf *-ar: probar (o → ue)*
Verben auf *-er: morder (o → ue)*

→

Beachte: *jugar: u → ue*

	Singular		Plural	
1	yo	juego	nosotros/-as	jugamos
2	tú	juegas	vosotros/-as	jugáis
3	él / ella / usted	juega	ellos/-as / ustedes	juegan

2.12 Das Relativpronomen *que* (el pronombre relativo *que*)

Paso 4

Das Relativpronomen *que*

- ist unveränderlich.
- bezieht sich auf Sachen und Personen.
- kann sowohl Subjekt als auch Objekt des Relativsatzes sein.
- steht ohne *a*, auch wenn es sich als Objekt auf eine Person bezieht.

Leo un libro ... ... **que** es muy interesante. ... **que** tienes que leer también.	Ich lese ein Buch, ... das sehr interessant ist. ... das du auch lesen musst.
Tengo una amiga ... ... **que** vive en Madrid. ... **que** tú no conoces.	Ich habe eine Freundin, ... die in Madrid wohnt. ... die du nicht kennst.

2.13 Das Relativpronomen *donde* (el pronombre relativo *donde*)

Paso 3

Das Relativpronomen *donde*

- ist unveränderlich.
- entspricht dem deutschen *wo*.
- unterscheidet sich von dem Fragepronomen *¿dónde?* dadurch, dass es keinen Akzent trägt.

Viajo al pueblo **donde** están mis abuelos.
Ich reise in das Dorf wo meine Großeltern sind.

2.14 Die Verben auf *-ir* (los verbos *-ir*)

Paso 5

vivir

	Singular		Plural	
1	yo	vivo	nosotros/-as	vivimos
2	tú	vives	vosotros/-as	vivís
3	él / ella / usted	vive	ellos/-as / ustedes	viven

Berni: Ich wohne in einem kleinen Korb in Javiers Zimmer. Und ihr, wo wohnt ihr?

Etapa 3 *Ir a clase*

3.1 Die Grundzahlen von 30 bis 100 (los números cardinales de 30 a 100) *Paso 3*

30 treinta	40 cuarenta	80 ochenta
31 treinta y uno/un/una	50 cincuenta	90 noventa
32 treinta y dos	60 sesenta	100 cien
33 treinta y tres	70 setenta	
34 treinta y cuatro ...		

Beachte:

treinta y **un** libros	31 Bücher
sesenta y **una** ciudad**es**	61 Städte

Bei allen mit *uno* zusammengesetzten Zahlen entfällt vor maskulinem Substantiv das *-o*. → G 2.3. Bei allen mit *uno/un* oder *una* zusammengesetzten Zahlen (21, 31, 41, ...) steht das zugehörige Substantiv dennoch im Plural – ebenso wie im Deutschen. → G 2.3

3.2 Die reflexiven Verben (los verbos reflexivos) *Paso 1*

	Singular			Plural		
1	yo	**me**	llamo	nosotros/-as	**nos**	llamamos
2	tú	**te**	llamas	vosotros/-as	**os**	llamáis
3	él / ella / usted	**se**	llama	ellos/-as / ustedes	**se**	llaman

Ebenso werden konjugiert:
Verben auf *-ar: ducharse, lavarse, levantarse*
Gruppenverben *o→ue* auf *-ar: acostarse*

Zur Stellung des Reflexivpronomens:

Juan Manuel: ¿Cómo **te** llamas? Wie heißt du? **María Jesús:** **Me** llamo María Jesús, ¿y tú? Ich heiße María Jesús, und du? **Juan Manuel:** **Me** llamo Juan Manuel. Ich heiße Juan Manuel.	Das Reflexivpronomen steht in der Regel vor der konjugierten Verbform.
María Jesús: ¿Estás cansado, Juan Manuel? Bist du müde, Juan Manuel? **Juan Manuel:** Pues sí, no tengo tiempo para acostar**me** temprano. Ja, schon, ich habe keine Zeit, früh ins Bett zu gehen.	An infinite (= nicht konjugierte) Verbformen (z.B. Infinitiv) wird es angehängt.

→

María Jesús: ¿Y a qué hora **te** levantas? Und um wieviel Uhr stehst du auf? **Juan Manuel:** **Me** tengo que levantar a las siete. Ich muss um 7:00 Uhr aufstehen. Tengo que levantar**me** a las siete. Ich muss um 7:00 Uhr aufstehen.	Gibt es im Satz sowohl eine konjugierte als auch eine infinite Verbform, ergeben sich zwei Möglichkeiten: a) Stellung vor die konjugierte Verbform, b) Anhängen an die infinite Form.

Reflexive Verben gibt es in allen drei Konjugationen, zum Beispiel *levantarse* (aufstehen), *caerse* (hinfallen), *sentirse* (sich fühlen).

3.3 Das Verb *ir* (el verbo *ir*)

Paso 1

	Singular		Plural	
1	yo	voy	nosotros/-as	vamos
2	tú	vas	vosotros/-as	vais
3	él / ella / usted	va	ellos/-as / ustedes	van

Während *irse* keiner weiteren Angabe bedarf, steht *ir* immer mit dem Ziel:

Me voy.	Ich gehe (weg).
Voy a mi casa.	Ich gehe nach Hause.

Juan Manuel: Ich gehe weg.
Maria Jesus: Wohin gehst Du?
Juan Manuel: Ich gehe nach Hause.

3.4 Zeitangaben mit Wochentagen (los complementos de tiempo con los días de la semana)

Paso 2

Bei Zeitangaben mit Wochentagen wird der bestimmte Artikel ohne Präposition verwendet:

El domingo juego al baloncesto.	Am (nächsten, kommenden) Sonntag spiele ich Basketball.
Los viernes tengo clase de guitarra.	(Immer) Freitags habe ich Gitarrenunterricht.
Los fines de semana salgo con mis amigos.	An den Wochenenden gehe ich mit meinen Freunden aus.

Beachte:

Am Montag	~~En~~ el lunes

3.5 Das Verb *gustar* (el verbo *gustar*)

Paso 3

(A mí)	me	gusta	hablar inglés.	Mir gefällt es, Englisch zu sprechen.
(A ti)	te	gustan	los idiomas.	Dir gefallen die Sprachen.
(A él / ella / usted)	le	gusta	el fútbol.	Ihm / ihr / Ihnen gefällt der Fußball.
(A nosotros/-as)	nos	gusta	el español.	Uns gefällt die spanische Sprache.
(A vosotros/-as)	os	gusta	hacer deporte.	Euch gefällt es, Sport zu treiben.
(A ellos/-as / ustedes)	les	gusta	la tecnología.	Ihnen gefällt die Technologie.

gustar + bestimmter Artikel + Substantiv: Me gusta **la música clasica**.	Mir gefällt klassische Musik.
gustar + Infinitiv: Me gusta **escuchar música**.	Mir gefällt es, Musik zu hören.

Beachte:

Los juegos me gustan **mucho**.	Spiele gefallen mir sehr.

3.6 Die Personalpronomen des indirekten Objekts (unbetont und betont) (los pronombres personales de complemento indirecto, formas átonas y tónicas)

Paso 3

Das Spanische besitzt für jede Person des Personalpronomens so genannte unbetonte (formas átonas) und betonte Formen (formas tónicas).

3.6.1 Die unbetonten Formen des Personalpronomens (indirektes Objekt)

José,	¿me	escribes un e-mail?	José, schreibst du mir eine E-Mail?
Sí,	te	escribo un e-mail.	Ja, ich schreibe dir eine E-Mail.
José	le	escribe un e-mail.	José schreibt ihm / ihr / Ihnen eine E-Mail.
José	nos	escribe un e-mail.	José schreibt uns eine E-Mail.
José	os	escribe un e-mail.	José schreibt euch eine E-Mail.
José	les	escribe un e-mail.	José schreibt ihnen / Ihnen eine E-Mail.

Zur Stellung des unbetonten Objektpronomens:

1. ¿Por qué no **me** escribe? Warum schreibt er mir nicht?	Das Objektpronomen steht in der Regel vor der konjugierten Verbform.
2. Quizás no tiene tiempo para escribir**me**. Vielleicht hat er keine Zeit, mir zu schreiben.	An infinite (= nicht konjugierte) Verbformen (z.B. Infinitiv) wird es angehängt.

→

3. Pero **me** quiere escribir. / Pero quiere escribir**me**. Aber er möchte mir schreiben.	Gibt es im Satz sowohl eine konjugierte als auch eine infinite Verbform, ergeben sich zwei Möglichkeiten: a) Stellung vor die konjugierte Verbform, b) Anhängen an die infinite Form.

Die Stellung des unbetonten Objektpronomens entspricht der des Reflexivpronomens. → G 3.2

3.6.2 Die betonten Formen des Personalpronomens (indirektes Objekt)

A **mí**	me escribe un e-mail.	Mir schreibt er eine E-Mail.
A **ti**	te escribe una carta.	Dir schreibt er einen Brief.
A **él** / **ella** / **usted**	¿le escribe también?	Schreibt er ihm / ihr / Ihnen auch?
A **nosotros**/**-as**	no nos escribe.	Uns schreibt er nicht.
A **vosotros**/**-as**	os escribe mucho.	Euch schreibt er oft.
A **ellos**/**-as** / **ustedes**	les escribe sólo a veces.	Ihnen schreibt er nur manchmal.

Zum Gebrauch der betonten Objektpronomen:

Hablamos mucho **de ti**. Y creo que **para ti** esto es un problema.	Wir sprechen viel über dich. Und ich glaube, für dich ist das ein Problem.	nach Präpositionen

¿Por qué no vas **conmigo**?	Warum kommst du nicht mit mir?	con + mí = conmigo
Quiero hablar **contigo**.	Ich möchte mit dir sprechen.	con + ti = contigo

Zur Struktur *a* + betontes Objektpronomen:
Soll im Spanischen das indirekte Objekt betont werden, so geschieht dies mit Hilfe der Struktur *a* + betontes Objektpronomen: *a* + *mí*, *a* + *ti*, *a* + *él*, *a* + *ella*, etc.

A mí José siempre **me** escribe un e-mail.	Mir schreibt José immer eine E-Mail.
¿**A ti** no **te** escribe?	Schreibt er dir nicht?
Si también quieres recibir un e-mail, tienes que preguntar**le a él**.	Falls du auch eine E-Mail bekommen möchtest, musst du ihn fragen.

Beachte:
Dabei muss zusätzlich immer das unbetonte Objektpronomen vor der konjugierten Verbform stehen!
Ausnahme: Kurze Sätze, die kein Verb enthalten:

A mí me gusta la ciudad, ¿y **a vosotros**? —**A nosotros** también.	Mir gefällt die Stadt, und euch? —Uns auch.

3.7 Das Verb *salir* (el verbo *salir*)

Paso 4

	Singular		Plural	
1	yo	salgo	nosotros/-as	salimos
2	tú	sales	vosotros/-as	salís
3	él / ella / usted	sale	ellos/-as / ustedes	salen

3.8 Gruppenverben *e→ie* auf *-ir*: (verbos *-ir* con cambio vocálico *e→ie*)

Paso 4

preferir

	Singular		Plural	
1	yo	prefiero	nosotros/-as	preferimos
2	tú	prefieres	vosotros/-as	preferís
3	él / ella / usted	prefiere	ellos/-as / ustedes	prefieren

3.9 Die Uhrzeit (la hora)

Paso 1

¿Qué hora es? – Son las seis en punto.

Für die ersten 30 Minuten wird auf die vorhergehende Stunde Bezug genommen, z.B.:

10:00	las diez en punto
10:15	las diez y cuarto
10:25	las diez y veinticinco
10:30	las diez y media

Bei den restlichen 29 Minuten bezieht man sich auf die folgende Stunde, z.B.:

10:35	las once menos veinticinco
10:45	las once menos cuarto
10:50	las once menos diez
11:00	las once en punto

Etapa 4 *¿Tienes tiempo?*

4.1 Die Personalpronomen des direkten Objekts (unbetonte Formen) (los pronombres de complemento directo, formas átonas)

Paso 1

Die unbetonten Formen des Objektpronomens (direktes Objekt):

¿Por qué no	**me**	llamas?	Warum rufst du mich nicht an?
Mañana	**te**	llamo.	Morgen rufe ich dich an.
¿Y a José?	¿**Lo**	llamas también?	Und José? Rufst du ihn auch an?
¿Y a tu hermana?	—**La**	llamo ahora.	Und deine Schwester? —Ich rufe sie jetzt an.
¿Cuándo	**nos**	llamáis?	Wann ruft ihr uns an?
Por la tarde	**os**	llamamos.	Am Nachmittag rufen wir euch an.
¿Y a tus amigos?	¿**Los**	llamas?	Und deine Freunde? Rufst du sie an?
¿Y a tus amigas?	¿**Las**	llamas?	Und deine Freundinnen? Rufst du sie an?

Zur Stellung des unbetonten Objektpronomens:

1. ¿Dónde está? No **lo** veo. Wo ist es? Ich sehe es nicht.	Das Objektpronomen steht in der Regel vor der konjugierten Verbform.
2. No es muy importante ver**lo**. Es ist nicht so wichtig, es zu sehen.	An infinite (= nicht konjugierte) Verbformen (z.B. Infinitiv) wird es angehängt.
3. No **lo** quiero ver / No quiero ver**lo**. Ich möchte es nicht sehen.	Gibt es im Satz sowohl eine konjugierte als auch eine infinite Verbform, ergeben sich zwei Möglichkeiten: a) Stellung vor die konjugierte Verbform, b) Anhängen an die infinite Form.

Die Stellung der unbetonten Formen des direkten Objektpronomens entspricht der der unbetonten Formen des indirekten Objektpronomens, sowie auch der des Reflexivpronomens. → G 3.6.1, 3.2
Wenn ein Satz zwei Pronomen enthält, legt eine Regel fest, welches von ihnen zuerst genannt wird. → G 6.4

receptivo

Anmerkung:
Die betonten Formen des direkten Objektpronomens entsprechen denen des indirekten Objektpronomens. Sie werden auch genauso verwendet. → G 3.6.2

Farouk: Schau mal, eine Spinne!
Nur: Ich will sie nicht sehen!

Die spanischen Verben verlangen meist dieselben Fälle (indirektes Objekt bzw. direktes Objekt) wie ihre deutschen Entsprechungen.

Ausnahmen:

	Spanisch	Deutsch
preguntar ¿Dónde está la abuela? **Le** tenemos que **preguntar** algo. Wo ist die Großmutter? Wir müssen sie etwas fragen.	mit indirektem Objekt	mit Akkusativ
ayudar ¿Dónde está la abuela? **La** queremos **ayudar**. Wo ist die Großmutter? Wir wollen ihr helfen.	mit direktem Objekt	mit Dativ

4.2 Das Gerundium (el gerundio)

Paso 2

Das Gerundium gehört wie der Infinitiv zu den infiniten Formen des Verbs.

4.2.1 Die Bildung des Gerundiums (la formación del gerundio)

Verben auf *-ar*	Verben auf *-er* / *-ir*
Stamm + *-ando*: **habl**-*ar* → habl**ando**	Stamm + *-iendo* **com**-*er* → com**iendo** **viv**-*ir* → viv**iendo**

- Das Gerundium ist unveränderlich.
- Unbetontes *i* zwischen zwei Vokalen wird zu *y*: *leer* → *leyendo*.
- Personal- und Reflexivpronomen werden angehängt oder stehen vor der konjugierten Verbform.

Vokal + ~~i~~ + Vokal
y

Bei Gruppenverben auf *-ir* verändert sich im Gerundium der Stammvokal: preferir *(e → i)*: pref**i**riendo

Unregelmäßige Formen: ir → *yendo*

4.2.2 *estar* + Gerundium (*estar* + gerundio)

estar + gerundio drückt aus, dass eine Handlung gerade im Gange ist.

Los chicos **están estudiando.**	Die Kinder lernen gerade / Die Kinder sind gerade am Lernen.
Farouk **está haciendo** sus deberes.	Farouk macht gerade seine Hausaufgaben.
Anahí **está practicando** el vocabulario de inglés.	Anahí übt gerade die Englischvokabeln.
Sólo María Jesús no **está estudiando**. **Está escribiéndole** una carta a su prima Sofía. / **Le está escribiendo** una carta a su prima Sofía.	Nur María Jesús lernt im Moment nicht. Sie schreibt gerade ihrer Cousine Sofía einen Brief.

→

Das Gerundium wird im Spanischen ganz ähnlich verwendet wie im Englischen, und auch im Französischen gibt es eine Konstruktion, um auszudrücken, dass eine Handlung gerade jetzt stattfindet.

Vergleiche:

Los chicos **están jugando** al baloncesto.
E The boys **are playing** basketball.
F Les garçons **sont en train de jouer** au basketball.

María Jesús: Ich schreibe Sofía gerade einen Brief.

4.3 Die Ordnungszahlen (los números ordinales)

Paso 2

1º / 1ª	primero/-a	5º / 5ª	quinto/-a	9º / 9ª	noveno/-a
2º / 2ª	segundo/-a	6º / 6ª	sexto/-a	10º / 10ª	décimo/-a
3º / 3ª	tercero/-a	7º / 7ª	séptimo/-a		
4º / 4ª	cuarto/-a	8º / 8ª	octavo/-a		

la **segunda** semana los **primeros** años Somos los **primeros**. **primero**, **segundo**, **tercero**	die zweite Woche die ersten Jahre Wir sind die Ersten. erstens, zweitens, drittens	Die Ordnungszahlen stehen vor dem Bezugswort und können – als Adjektive, – als Pronomen – oder als Adverbien verwendet werden.
el **primer** año el **tercer** hijo	das erste Jahr der dritte Sohn	Bei *primero* und *tercero* entfällt vor einem maskulinen Substantiv im Singular das *-o*.
en el **5º** piso la **8ª** edición el **1er** tiempo	im 5. Stock die 8. Auflage die 1. Halbzeit	Die Endungen *-o*, *-a* bzw. *-er* werden hochgestellt.
la etapa **quince** Alfonso **XIII** (**trece**)	die 15. Etappe Alfons der 13.	Die Ordnungszahlen werden meist nur bis *décimo* verwendet, ab 11. werden die Grundzahlen gebraucht.

4.4 *ir a* + Infinitiv (*ir a* + infinitivo)

Paso 3

Mañana Javier **va a levantarse** temprano./ Mañana Javier **se va a levantar** temprano.	Morgen steht Javier früh auf. / Morgen wird Javier früh aufstehen.
Va a desayunar con sus padres.	Er frühstückt mit seinen Eltern. / Er wird mit seinen Eltern frühstücken.
Después **va a ir** a jugar al baloncesto.	Danach geht er Basketball spielen. / Danach wird er Basketball spielen gehen.

ir a + Infinitiv drückt ein Ereignis der unmittelbaren Zukunft und / oder ein Vorhaben oder eine Absicht aus.

Das Englische hat mit dem *going-to future* eine ganz ähnliche Konstruktion, um Ereignisse der unmittelbaren Zukunft, Vorhaben und Absichten auszudrücken.

Vergleiche:

Mañana **voy a levantarme** temprano.
E I **am going to get up** early tomorrow.

4.5 Das Verb *venir* (el verbo *venir*)

Paso 3

	Singular		Plural	
1	yo	**vengo**	nosotros/-as	venimos
2	tú	**vie**nes	vosotros/-as	venís
3	él / ella / usted	**vie**ne	ellos/-as / ustedes	**vie**nen

4.6 Das Verb *saber* (el verbo *saber*)

Paso 4

	Singular		Plural	
1	yo	**sé**	nosotros/-as	sabemos
2	tú	sabes	vosotros/-as	sabéis
3	él / ella / usted	sabe	ellos/-as / ustedes	saben

Sé nadar, pero de momento no **puedo** porque hay tanta gente en la piscina.

María Jesús: Ich kann schwimmen, aber im Moment kann ich nicht, weil so viele Menschen im Pool sind.

→

poder und *saber*

poder: können (bezüglich der Kraft / der Umstände), dürfen	*saber:* wissen, erlernte Fähigkeiten besitzen
María Jesús no **puede** nadar hoy porque tiene que estudiar para un examen. María Jesús kann heute nicht schwimmen, da sie für einen Test lernen muss.	Su hermanita Leticia todavía no **sabe** nadar. Ihre kleine Schwester Leticia kann noch nicht schwimmen.
Con el ruido que hace Leticia, María Jesús no **puede** leer. Bei dem Lärm, den Leticia macht, kann María Jesús nicht lesen.	Leticia ya **sabe** leer y escribir muy bien. Leticia kann schon sehr gut lesen und schreiben.
María Jesús no **puede** tener una mala nota, porque su madre se va a preocupar. María Jesús darf keine schlechte Note haben, weil ihre Mutter sich Sorgen machen wird.	Leticia **sabe** que el examen de mañana es muy importante. Leticia weiß, dass der morgige Test sehr wichtig ist.

4.7 todo/-a, todos/-as

Paso 4

Todo/-a und *todos/-as* gehören zur Gruppe der Indefinitbegleiter und -pronomen. Sie sagen etwas über eine Menge aus, die nicht klar definiert ist.

María Jesús toca la guitarra casi **todo el** día. María Jesús spielt fast den ganzen Tag Gitarre. A veces la toca **toda la** tarde. Manchmal spielt sie sie den ganzen Nachmittag.	**todo el** / **toda la** } + Substantiv (Sg.): ganz
Toca la guitarra casi **todos los** días. Sie spielt fast jeden Tag (alle Tage) Gitarre. A **todas sus** amigas les gusta escucharla. Allen ihren Freundinnen gefällt es, ihr zuzuhören.	**todos los** / **todas las** } + Substantiv (Pl.): alle
Conoce muchas canciones. **Todas** son muy bonitas. Sie kennt viele Lieder. Alle sind sehr schön.	todos / todas als Pronomen: alle
Cuando practica una canción nueva, quiere hacerlo **todo** bien. Wenn sie ein neues Lied übt, möchte sie alles richtig machen.	**todo** (unveränderlich): alles Dabei steht meist *lo* vor der konjugierten Verbform. Gibt es im Satz auch eine infinite Verbform, kann *lo* auch daran angehängt werden.

Etapa 5 *De compras*

receptivo

5.1 Der Gebrauch des Artikels *el* statt *la* (el uso del artículo *el* en vez de *la*)

Paso 1

Wenn ein feminines Substantiv mit betontem *a-* oder *ha-* beginnt, benutzt man statt des Artikels *la* die maskuline Form *el*:

el agua	das Wasser
el hada	die Fee

Im Plural steht jedoch der feminine Artikel, bei Adjektiven (Sg. oder Pl.) die feminine Endung:

el agua frí**a**	das kalte Wasser	**las** aguas sucias	die Abwässer
el hada guap**a**	die hübsche Fee	much**a** hambre	viel / großer Hunger

Beginnt ein feminines Substantiv dagegen mit unbetontem *a-* oder *ha-*, ändert sich der Artikel nicht:

la habitación, la asignatura

5.2 Die Demonstrativa (los demostrativos)

Paso 2

	Nähe (beim Sprecher)		Nicht-Nähe (etwas vom Sprecher entfernt)		Ferne (weit vom Sprecher entfernt)	
	Singular	**Plural**	**Singular**	**Plural**	**Singular**	**Plural**
maskulin	este	estos	ese	esos	aquel	aquellos
feminin	esta	estas	esa	esas	aquella	aquellas
Neutrum	esto		eso		aquello	
Lokaladverb	aquí		ahí		allí	

Das hier ist mein Tagebuch.

Nur, das da ist mein Tagebuch.

Nur, nicht! Das da drüben ist mein Tagebuch!

→

Die maskulinen und femininen Formen der Demonstrativa können als Adjektive oder als Pronomen verwendet werden.

demonstratives Adjektiv	Demonstrativpronomen (mit Akzent)
¿Prefieres **estas** manzanas grandes o las pequeñas allí? Willst du lieber diese großen Äpfel hier oder die kleinen dort?	¿Qué manzanas prefieres, **éstas** o **aquéllas**? Welche Äpfel willst du lieber, diese oder jene?
Esos plátanos están maduros. Diese Bananen da sind reif.	¿Cuánto cuestan esos plátanos? —¿**Éstos**? 2 € el kilo. Wieviel kosten diese Bananen da? —Diese hier? 2 € das Kilo.
Mira **aquellos** melocotones. Schau mal, jene Pfirsiche dort.	¿Qué melocotones? ¿**Aquéllos**? Welche Pfirsiche? Jene?

receptivo

Anmerkung:
Als Pronomen tragen die maskulinen und femininen Formen der Demonstrativa Akzent.

Beachte:
Die neutralen Formen des Demonstrativpronomens

- tragen nie Akzent.
- werden nur als Pronomen verwendet.
- bezeichnen immer einen Sachverhalt.

Lo que mi abuela siempre dice es **esto**: Todo es muy caro y **eso** no me gusta.
Was meine Oma immer sagt ist folgendes: Alles ist sehr teuer und das gefällt mir nicht.

5.3 Gruppenverben *e→i* auf *-ir* (verbos *-ir* con cambio vocálico *e→i*) *Paso 3*

In diese Gruppe gehören nur Verben auf *-ir*.

seguir

	Singular		Plural	
1	yo	sigo	nosotros/-as	seguimos
2	tú	sigues	vosotros/-as	seguís
3	él / ella / usted	sigue	ellos/-as / ustedes	siguen

Denk daran, dass die Unregelmäßigkeiten immer in den stammbetonten Formen auftreten, also zum Beispiel bei sigo, sigues, sigue und siguen, nicht aber bei seguimos und seguís, bei denen die Betonung auf der Endung liegt. → G 2.11

Ebenso wird konjugiert:
vestirse (yo me visto, tú te vistes, ...).

5.4 Die Steigerung der Adjektive und der Vergleich (la gradación del adjetivo y la comparación)

Paso 4

5.4.1 Der Komparativ (el comparativo)

Mira, estas manzanas son **más baratas**. Schau mal, diese Äpfel hier sind billiger. Esos plátanos son **menos caros**. Diese Bananen sind billiger (= weniger teuer). Los plátanos maduros son **mejores**. Die reifen Bananen sind besser.	**Regelmäßige Bildung:** más / menos + adjetivo **Sonderformen:** mucho/-a → más poco/-a → menos bueno/-a → mejor/-es malo/-a → peor/-es

Manche Adjektive bilden sowohl eine regelmäßige als auch eine unregelmäßigen Form des Komparativs. Die verschiedenen Formen haben unterschiedliche Bedeutung:

grande	más grande	größer (für konkret messbare Größen)	una casa **más grande** ein größeres Haus
	mayor/-es	größer (für abstrakte Begriffe) älter	Esto es de **mayor** interés. Das ist von größerem Interesse. mi hermana **mayor** meine ältere Schwester
pequeño/-a	más pequeño/-a	kleiner (für konkret messbare Größen)	una casa **más pequeña** ein kleineres Haus
	menor/-es	kleiner (für abstrakte Begriffe) jünger	Esto es de **menor** importancia. Das ist von geringerer Wichtigkeit. mi hermano **menor** mein jüngerer Bruder

Beachte:

un señor / una señora mayor
eine älterer Herr / eine ältere Dame

María Jesús: Leticia ist meine jüngere Schwester.
Leticia: María Jesús ist meine ältere Schwester.

5.4.2 Der Vergleich (la comparación)

5.4.2.1 Ungleichheit (desigualdad)

Las manzanas son **más baratas que** los melocotones. Die Äpfel sind billiger als die Pfirsiche. Las manzanas son **menos caras que** los melocotones. Die Äpfel sind weniger teuer als die Pfirsiche.	**más / menos** + adjetivo + **que**
Las manzanas **cuestan menos que** los melocotones. Die Äpfel kosten weniger als die Pfirsiche. Aquí **hay más de** 25 tipos de fruta. Hier gibt es mehr als 25 Sorten von Früchten.	verbo + **más / menos** + **que** verbo + **más / menos** + **de** (vor Zahlen)

Berni: Ich bin kleiner als Tintín, aber ich bin älter als er.
Tintín: Ich bin größer als Berni, aber ich bin jünger als er.

5.4.2.2 Gleichheit (igualdad)

La profesora de Inglés es **tan joven como** el profesor de Francés. Die Englischlehrerin ist so jung wie der Französischlehrer. Habla alemán **tan bien como** él. Sie spricht genau so gut Deutsch wie er.	**tan** + adjetivo / adverbio + **como**

5.5 Der relative Superlativ (el superlativo relativo)

Paso 4

Der relative Superlativ ist die höchste Steigerungsstufe und zeigt den Grad einer Eigenschaft zu mindestens zwei Vergleichsgrößen an.

artículo determinado	+	(sustantivo)	+	comparativo del adjetivo
el la los las	+	(sustantivo)	+	más / menos + adjetivo mejor/-es peor/-es mayor/-es menor/-es

Para mí, Matemáticas es **la asignatura más difícil**.	Für mich ist Mathematik das schwierigste Fach.
En Matemáticas siempre tengo **las peores notas**.	In Mathematik habe ich immer die schlechtesten Noten.
Por suerte, el profesor de Matemáticas es **el más simpático** de todos.	Zum Glück ist der Mathelehrer der netteste von allen.

Beachte:
- *mejor/-es* und *peor/-es* stehen meist vor ihrem Bezugswort.
- Entsprechend den verschiedenen Bedeutungen der Komparative haben *grande* und *pequeño/-a* auch jeweils zwei Superlative mit jeweils unterschiedlichen Bedeutungen und Verwendungen.
  → G 5.4.1

Juan Manuel: Für mich ist Mathematik das schwierigste Fach.
Farouk: Ja, zum Glück ist der Lehrer der netteste von allen.

5.6 Die Grundzahlen ab 100 (los números cardinales a partir de 100)

Paso 4

100	cien
101	ciento uno (ciento un, ciento una)
102	ciento dos
110	ciento diez
120	ciento veinte
200	doscientos/-as
300	trescientos/-as
400	cuatrocientos/-as
500	quinientos/-as
600	seiscientos/-as
700	setecientos/-as
800	ochocientos/-as
900	novecientos/-as
1.000	mil
1.001	mil uno (mil un, mil una)
1.382	mil trescientos/-as ochenta y dos
2.000	dos mil
3.000	tres mil
14.000	catorce mil
100.000	cien mil
1.000.000	un millón
4.000.000	cuatro millones
1.000.000.000	mil millones

veintiún libros treinta y una ciudades ciento un euros	Bei allen mit *uno* zusammengesetzten Zahlen entfällt vor maskulinem Substantiv das *-o*. Das Substantiv steht auch bei mit *uno/un* oder *una* zusammengesetzten Zahlen im Plural. → G 2.3, 3.1
3.572: tres mil quinientos setenta y dos	*y* steht nur zwischen Zehnern und Einern.
cien libros cien millones ciento ochenta y cuatro	*cien* steht – vor Substantiven – vor Zahlen > 100 *ciento* steht – vor Zahlen < 100
trescientas chicas novecientas cuarenta y ocho personas	Zahlen von 200 bis 900 und damit zusammengesetzte Zahlen richten sich nach dem Genus ihres Bezugsworts.
un millón de personas millones de niños	un millón + de + Substantiv millones + de + Substantiv

5.7 Das Verb *decir* (el verbo *decir*)

Paso 4

	Singular		Plural	
1	yo	digo	nosotros/-as	decimos
2	tú	dices	vosotros/-as	decís
3	él / ella / usted	dice	ellos/-as / ustedes	dicen

Etapa 6 *Sobre gustos y colores …*

6.1 Der absolute Superlativ (el superlativo absoluto)

Paso 1

Der relative Superlativ ist die höchste Steigerungsstufe und zeigt den höchsten Grad einer Eigenschaft zu mindestens zwei Vergleichsgrößen an. → G 5.5
Der absolute Superlativ hingegen bezeichnet einen hohen Grad ohne Vergleich.

Estas botas son **carísimas**.	Diese Stiefel sind sündteuer.	adjetivo + **-ísimo/-a**
El ejercicio es **facilísimo**.	Die Übung ist kinderleicht.	

Beachte:
Bei Adjektiven, deren Stamm auf *g* oder *c* endet, muss die Schreibweise angepasst werden:

largo/-a → lar**gu**ísimo/-a
blanco/-a → blan**qu**ísimo/-a

6.2 Das Verb *dar* (el verbo *dar*)

Paso 1

	Singular		Plural	
1	yo	d**oy**	nosotros/-as	damos
2	tú	das	vosotros/-as	dais
3	él / ella / usted	da	ellos/-as / ustedes	dan

6.3 Die Verwendung von *¿qué?* und *¿cuál/-es?* (el uso de *¿qué?* y *¿cuál/-es?*)

Paso 1

¿**Cuáles** prefieres, las verdes o las rojas?
Welche willst du lieber, die grünen oder die roten?

¿**Qué** prefieres, las manzanas o los plátanos?
Was willst du lieber, Äpfel oder Bananen?

→

Cuál/-es fragt nach Personen oder Sachen einer abgegrenzten Anzahl oder Gruppe. Abweichend von dieser Regel werden *qué* und *cuál/-es* in folgenden Strukturen verwendet:

¿**Qué** manzanas te gustan más, las rojas o las verdes? Welche Äpfel schmecken dir besser, die roten oder die grünen?	qué + Substantiv
¿**Cuál** es tu fruta favorita? Was ist dein Lieblingsobst?	cuál/-es + ser + Substantiv
¿**Cuáles** de estos plátanos son más baratos? Welche dieser Bananen sind billiger?	cuál/-es + de + Substantiv

6.4 Zwei Objektpronomen im Satz (dos pronombres de complemento en una misma frase)

Pasos 1, 4

objeto indirecto	objeto directo	
me te ~~le~~ se nos os ~~les~~ se	lo / la los / las	*le / les* wird vor *lo, la, los, las* zu **se**

Farouk dice: —La camisa es muy bonita, por eso **me la** compro.
Farouk sagt: „Das Hemd ist sehr schön, deswegen kaufe ich es mir."

Farouk quiere saber el precio de la camisa. El dependiente **se lo** dice.
Farouk möchte den Preis des Hemdes wissen. Der Verkäufer sagt ihn ihm.

Zur Stellung der Pronomen im Satz:

- Die Pronomen stehen in der Regel vor der konjugierten Verbform.
- Das indirekte Objektpronomen steht vor dem direkten Objektpronomen.
- An Infinitiv und Gerundium werden die Pronomen angehängt.
- Gibt es neben den infiniten Formen eine konjugierte Verbform im Satz, ergeben sich zwei Möglichkeiten:
  a) Anhängen an die infinite Form (Akzent!),
  b) Stellung vor die konjugierte Verbform.

Farouk: —Me gusta la camisa.
Voy a comprár**mela**. / **Me la** voy a comprar.
Farouk sagt: „Mir gefällt das Hemd. Ich werde es mir kaufen."

A Farouk le gusta la camisa.
Está enseñándo**sela** a Javier. / **Se la** está enseñando a Javier.
Farouk gefällt das Hemd. Er zeigt es gerade Javier.

6.5 Das Adverb auf *-mente* (el adverbio terminado en *-mente*)

Paso 2

Bei den Adverbien unterscheidet man zwischen

- ursprünglichen Adverbien, die von keinem anderen Wort abgeleitet sind und
- abgeleiteten Adverbien.

Zur Gruppe der ursprünglichen Adverbien gehören z. B. folgende Wörter:

ahora	jetzt
más	mehr
menos	weniger
siempre	immer

Die Bildung der abgeleiteten Adverbien:

claro/-a	clara**mente**	klar, deutlich
simple	simple**mente**	einfach
fácil	fácil**mente**	leicht

Bei Adjektiven auf *-o/-a* wird *-mente* an die feminine Form angehängt.

Einige Adjektive, die einen körperlichen oder seelischen Zustand beschreiben, werden ebenfalls adverbial verwendet. Sie sind veränderlich.

Bettina prefiere trabajar **sola**.
Bettina möchte lieber alleine arbeiten.
Hace sus ejercicios **tranquila**.
Sie macht ruhig ihre Übungen.

Bettina: Ich arbeite lieber allein.

6.6 Der bejahte Imperativ der 2. Person Singular und Plural (el imperativo afirmativo de la segunda persona singular y plural)

Paso 3

6.6.1 Der Imperativ der 2. Person Singular (el imperativo de la segunda persona singular)

- Der Imperativ der 2. Person Singular entspricht der 3. Person Präsens des jeweiligen Verbs.
- Reflexiv- und Objektpronomen werden angehängt; meist muss dann ein Akzent gesetzt werden. → G 1.3

Verben auf *-ar*	Verben auf *-er*	Verben auf *-ir*
• ***mirar*** **Mira** la foto. Sieh dir das Foto an. **Míra**la. Sieh es dir an.	• ***leer*** **Lee** el texto. Lies den Text. **Lée**lo. Lies ihn.	• ***abrir*** **Abre** el libro. Schlag das Buch auf. **Ábre**lo. Schlag es auf.
• ***sentarse*** **Siéntate**. Setz dich hin.	• ***devolver*** **Devuelve** el libro a tu compañero. Gib deinem Banknachbarn das Buch zurück. **Devuélveselo**. Gib es ihm zurück.	• ***escribir*** **Escribe** un texto. Schreibe einen Text. **Escríbe**lo. Schreibe ihn.

Einige Sonderformen werden durch „Abschneiden" der Infinitivendung gebildet:

pon✂er	**Pon** un ejemplo.	Gib ein Beispiel.
ten✂er	**Ten** un poco de paciencia.	Hab ein bisschen Geduld.
sal✂ir	**Sal** al jardín.	Geh hinaus in den Garten.
ven✂ir	**Ven** aquí.	Komm hierher.

Weitere Sonderformen sind:

hacer	**Haz** tus deberes.	Mach deine Hausaufgaben.
ser	**Sé** bueno y ayuda a tu compañero.	Sei nett und hilf deinem Banknachbarn.
ir	**Ve** a casa.	Geh nach Hause.
decir	**Di** las respuestas en voz alta.	Sag laut die Antworten.

Luis: Tintín, komm her!

6.6.2 Der Imperativ der 2. Person Plural (el imperativo de la segunda persona plural)

- Der Imperativ der 2. Person Plural wird aus dem Infinitiv abgeleitet; das *-r* wird durch *-d* ersetzt.
- Reflexiv- und Objektpronomen werden angehängt; manchmal muss dann ein Akzent gesetzt werden. → G 1.3
- Bei Anhängen von *os* entfällt das *-d*.

Verben auf *-ar*	Verben auf *-er*	Verben auf *-ir*
• ***mirar*** **Mirad** la foto. Seht euch das Foto an. **Mirad**la. Seht es euch an. • ***sentarse*** **Sentaos**. Setzt euch hin.	• ***leer*** **Leed** el texto. Lest den Text. **Leed**lo. Lest ihn. • ***devolver*** **Devolved** los libros a vuestros compañeros. Gebt euren Banknachbarn ihre Bücher zurück. **Devolvéd**selos. Gebt sie ihnen zurück.	• ***abrir*** **Abrid** los libros. Schlagt die Bücher auf. **Abrid**los. Schlagt sie auf. • ***escribir*** **Escribid** un texto. Schreibt einen Text. **Escribid**lo. Schreibt ihn.

Sonderform:

irse
Idos a casa.
Geht nach Hause.

Lehrer: Schlagt die Bücher auf der Seite 34 auf.

Etapa 7 *De vacaciones*

7.1 Vorangestellte und verkürzte Adjektive (la anteposición del adjetivo y las formas apocopadas)

Paso 1

Eine Reihe von Adjektiven steht meist vor dem Substantiv.

Beachte:
- Vor einem maskulinen Substantiv im Singular enfällt *-o*.
- *grande* wird vor jedem Substantiv im Singular zu *gran* verkürzt.
- *grande* hat eine unterschiedliche Bedeutung, je nachdem, ob es vor oder nach dem Substantiv steht.

bueno/-a	buen tiempo una buena persona	gutes Wetter ein guter Mensch
malo/-a	un mal amigo una mala amiga	ein schlechter Freund eine schlechte Freundin
primero/-a	el primer día la primera hora	der erste Tag die erste Stunde
tercero/-a	el tercer piso la tercera carta	der dritte Stock der dritte Brief
grande	un gran hombre un hombre grande una gran película una casa grande	ein großartiger Mann ein großer Mann ein großartiger Film ein großes Haus

7.2 Die Angabe des Datums (la fecha)

Paso 1

- Das Datum drückt man folgendermaßen aus: bestimmter Artikel + Grundzahl.
- Für den Ersten des Monats kann auch *primero* verwendet werden.

Geschrieben	Gesprochen
9 de febrero de 2010 9.2.2010	el nueve de febrero de dos mil diez
1 de agosto	el uno / primero de agosto

¿Qué fecha es hoy / tenemos? ¿A cuántos estamos?	Welches Datum ist / haben wir heute? Den Wievielten haben wir heute?
Hoy es el 13 de junio. Estamos a 13 de junio.	Heute ist der 13. Juni. Heute haben wir den 13. Juni.

7.3 Die indirekte Rede ohne Zeitenverschiebung (el estilo indirecto sin cambio de tiempo verbal)

Paso 1

Im Deutschen kann das Verb des Nebensatzes in der indirekten Rede im Konjunktiv I stehen. Im Spanischen dagegen findet bei der indirekten Rede kein Moduswechsel statt, das heißt, das Verb des Nebensatzes steht im Indikativ.
Steht das Verb des einleitenden Satzes in einer Zeit der Gegenwart (z. B. im *presente*, aber auch im *perfecto compuesto*), so bleiben im Nebensatz die Zeiten des Originalsatzes erhalten.

Juan Manuel dice: —Este bar me gusta. Juan Manuel **dice que ese / aquel** bar **le** gusta.	Juan Manuel sagt: „Diese Bar gefällt mir." Juan Manuel sagt, die Bar gefalle ihm.	**indirekte Aussagesätze:** – werden <u>immer</u> mit *que* eingeleitet. – Personalpronomen, Lokaladverbien etc. müssen angepasst werden.
Juan Manuel pregunta a las chicas: —¿Cómo os llamáis? Juan Manuel pregunta a las chicas **cómo se llaman**. Juan Manuel les pregunta: —¿Queréis ir conmigo a la fiesta de mi amigo Javier? Juan Manuel les pregunta **si quieren** ir con **él** a la fiesta de **su** amigo Javier.	Juan Manuel fragt die Mädchen: „Wie heißt ihr?" Juan Manuel fragt die Mädchen, wie sie heißen. Juan Manuel fragt sie: „Wollt ihr mit mir auf die Party meines Freundes Javier gehen?" Juan Manuel fragt sie, ob sie mit ihm auf die Party seines Freundes Javier gehen möchten.	**indirekte Fragen:** – Ein vorhandenes Fragewort wird übernommen (mit Akzent). – Ansonsten wird *si* eingefügt.

direkte Rede		indirekte Rede
este	→	ese, aquel
aquí	→	allí, en ese lugar
ahora	→	en ese momento
yo estoy	→	él / ella está
mis	→	sus

Lehrer: Eure Texte sind interessant und gefallen mir gut.
Juan Manuel: Was sagt der Lehrer?
Farouk: Er sagt, unsere Texte seien interessant und gefallen ihm gut.

→

Auch im Englischen und Französischen findet in der indirekten Rede kein Moduswechsel statt.

Vergleiche:

	Me gusta tocar la guitarra.	→ Dice que le gusta tocar la guitarra.
E	I like to play the guitar.	→ She says that she likes to play the guitar.
F	J'aime bien jouer de la guitare.	→ Elle dit qu'elle aime bien jouer de la guitare.

7.4 Die doppelte Verneinung (la doble negación)

Paso 2

Neben *no* gibt es noch eine Reihe weiterer Negationswörter im Spanischen.

Negationswort		positive Entsprechung	
nadie	niemand	alguien	jemand
nada	nichts	algo	etwas
ninguno/-a	kein/-e	alguno/-a	irgendein/-e
nunca	nie	siempre	immer
tampoco	auch nicht	también	auch

Beachte:
alguno/-a und *ninguno/-a* beziehen sich immer auf ein Substantiv. Sie können als Adjektiv oder als Pronomen verwendet werden:

algún / **ningún** lugar **alguna** / **ninguna** playa **algunos** chicos **algunas** chicas	irgendein / kein Ort irgendein / kein Strand irgendwelche Jungen irgendwelche Mädchen	**als Adjektiv:** – Sie stehen vor dem Bezugswort. – Vor maskulinem Substantiv entfällt im Singular das *-o*. – *ninguno/-a* wird selten im Plural verwendet.
¿Hay una playa cerca de aquí? Sí, hay **algunas**. No, **no** hay **ninguna**.	Gibt es hier in der Nähe einen Strand? Ja, es gibt welche / einige. Nein, es gibt keine(n).	**als Pronomen:** – *ninguno/-a* wird selten im Plural verwendet.

Für die Stellung der Negationswörter im Satz gibt es zwei Möglichkeiten:

no + Verb + anderes Negationswort
anderes Negationswort + Verb

Merke: Im Spanischen muss in einem verneinten Satz <u>immer</u> *no* oder ein anderes Negationswort vor dem Verb stehen.

no + Verb + Negationswort	Negationswort + Verb	
No me llama **nadie**.	**Nadie** me llama.	Niemand ruft mich an.
No me interesa **nada**.	**Nada**[1] me interesa.	Nichts interessiert mich.
No vino **ninguna** de mis amigas a la fiesta.	**Ninguna** de mis amigas vino a la fiesta.	Keine meiner Freundinnen kam zur Party.
No vienen **nunca** a mis fiestas.	**Nunca**[1] vienen a mis fiestas.	Nie kommen sie zu meinen Partys.
No lo sé **tampoco**.	**Tampoco**[1] lo sé.	Ich weiß es auch nicht.

Beachte:
Im Gegensatz zum Deutschen dürfen im Spanischen in verneinten Sätzen ausschließlich Negationswörter verwendet werden.

Esos chicos **nunca** hacen **nada** con **nadie**.
Nie unternehmen diese Jungen etwas mit jemandem.
Tampoco les interesa **nada** a **ninguno** de ellos.
Es interessiert auch keinen von ihnen etwas.

7.5 ir / venir – llevar / traer

Paso 2

vom Sprecher weg		zum Sprecher hin	
ir	(hin)gehen	venir	(her)kommen
llevar	(hin)bringen	traer	(her)bringen

Rotkäppchen: Ich gehe zur Großmutter. Ich bringe ihr Kuchen und eine Flasche Wein.

Großmutter: Heute kommt meine Enkelin. Sie bringt mir Kuchen und eine Flasche Wein.

Vergleiche:

E

ir → to go		llevar → to take	
venir → to come		traer → to bring	

Auch im Englischen unterscheidet man zwischen hingehen und herkommen sowie zwischen hinbringen und herbringen.

1 In dieser Stellung gelten die Negationswörter als betont.

7.6 Die Zeiten der Vergangenheit: Das Indefinido (el pretérito indefinido) *Paso 3*

Regelmäßige Formen:

-ar	*-er*	*-ir*
tomé	comí	viví
tomaste	comiste	viviste
tomó	comió	vivió
tomamos	comimos	vivimos
tomasteis	comisteis	vivisteis
tomaron	comieron	vivieron

Sonderformen:

ser / ir	*estar*
fui	estuve
fuiste	estuviste
fue	estuvo
fuimos	estuvimos
fuisteis	estuvisteis
fueron	estuvieron

Gebrauch:

Das *pretérito indefinido* bezeichnet Ereignisse und Handlungen, die in einem bereits abgeschlossenen Zeitraum in der Vergangenheit oder zu einem bestimmten Zeitpunkt in der Vergangenheit stattgefunden haben. Die Dauer oder die Häufigkeit des Vorgangs ist dabei ohne Bedeutung.
Folgende Signalwörter zeigen, dass das *pretérito indefinido* verwendet werden muss:

Ayer María Jesús fue al cine.	Gestern ging María Jesús ins Kino.
En 2005 empezó a estudiar guitarra.	2005 begann sie, Gitarre spielen zu lernen.
La semana pasada quedó con Sofía.	Letzte Woche hat sie sich mit Sofía verabredet.

Weitere Zeitangaben:

anoche (gestern Nacht), anteayer (vorgestern), el año pasado (letztes Jahr), el mes pasado (letzten Monat), el domingo pasado (letzten Sonntag), entonces (dann, damals), aquel día (an jenem Tag), en (el año) 1853 (im Jahr 1853), en noviembre (im November), hace dos semanas (vor zwei Wochen), etc.

Sonstige Signalwörter:

de pronto (plötzlich), de repente (plötzlich), inmediatamente (sofort), etc.

Das spanische *pretérito indefinido* ist mit dem *simple past* im Englischen vergleichbar, da beide Handlungen ausdrücken, die in einem abgeschlossenen Zeitraum in der Vergangenheit stattgefunden haben.

Vergleiche:

El mes pasado María Jesús visitó a su tía Carmen.
E Last month María Jesús visited her aunt Carmen.

7.7 „vor“ (estructuras equivalentes a “vor”)

Paso 3

Wann?	Vor wie langer Zeit?
antes de + Zeitpunkt	Verb + *hace* + Zeitraum *hace* + Zeitraum + *(que)* + Verb
Anahí llamó a María Jesús **antes de las ocho**. Anahí rief María Jesús vor acht Uhr an. Dijo: —No voy a llegar **antes de la comida**. Sie sagte: „Ich werde nicht vor dem Essen kommen.“ —¿Podemos ir al bar El Gato **antes de ir** al cine? „Können wir in die Bar El Gato gehen bevor wir ins Kino gehen?“	María Jesús dijo: —Sí, ¿por qué no? Ya te invité a comer **hace cuatro días**. María Jesús sagte: „Ja, warum nicht? Ich habe dich schon vor vier Tagen zum Essen eingeladen.“ —**Hace tres semanas (que)** fui al bar El Gato y me gustó mucho. „Vor drei Wochen war ich in der Bar El Gato und es hat mir sehr gut gefallen.“

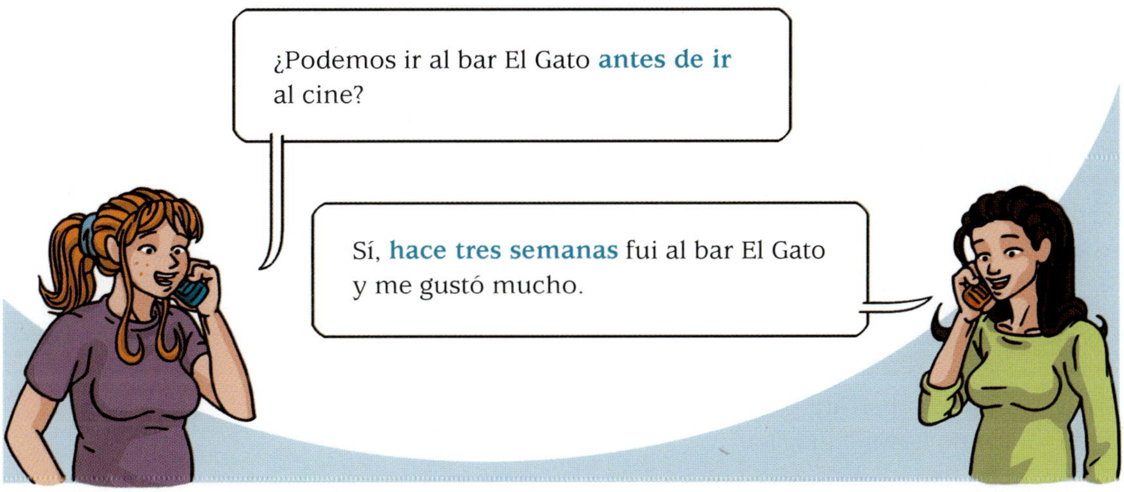

Etapa 8 *Mala suerte*

8.1 Das Indefinido: unregelmäßige Formen (el pretérito indefinido: formas irregulares)

Paso 1

dar	*ver*	*hacer*	*querer*	*venir*	*decir*
di	vi	hice	quise	vine	dije
diste	viste	hiciste	quisiste	viniste	dijiste
dio	vio	hizo	quiso	vino	dijo
dimos	vimos	hicimos	quisimos	vinimos	dijimos
disteis	visteis	hicisteis	quisisteis	vinisteis	dijisteis
dieron	vieron	hicieron	quisieron	vinieron	dijeron

traer	*saber*	*tener*	*poner*	*poder*	*haber*
traje	supe	tuve	puse	pude	
trajiste	supiste	tuviste	pusiste	pudiste	
trajo	supo	tuvo	puso	pudo	hubo
trajimos	supimos	tuvimos	pusimos	pudimos	
trajisteis	supisteis	tuvisteis	pusisteis	pudisteis	
trajeron	supieron	tuvieron	pusieron	pudieron	

Beachte:
Die unregelmäßigen Formen oben tragen keinen Akzent und werden daher regelkonform auf der vorletzten Silbe betont.
→ G 1.3

Ayer Farouk me llamó por teléfono y poco después vino a mi casa.	Gestern rief Farouk mich an und kam kurze Zeit später zu mir nach Hause.

Einige Gruppenverben auf *-ir* weisen in der 3. Person Singular und Plural eine Abweichung auf:

seguir (e → i)	*preferir (e → ie)*	*dormir (o → ue)*
seguí	preferí	dormí
seguiste	preferiste	dormiste
siguió	prefirió	durmió
seguimos	preferimos	dormimos
seguisteis	preferisteis	dormisteis
siguieron	prefirieron	durmieron

8.2 Das Indefinido: Verben mit orthographischen Veränderungen (el indefinido: verbos con cambio ortográfico)

Paso 1

Bei Verben auf *-ar*, deren Stämme auf *-c*, *-g* oder *-z* enden, treten in der 1. Person Singular des *indefinido* Veränderungen in der Schreibweise auf:

	-car	*-gar*	*-zar*
1. Person Singular Indefinido	expliqué	llegué	empecé

Bei Verben, deren Stamm auf Vokal endet, steht in der 3. Person Singular und Plural *-y-*:

leer
leí
leíste
leyó
leímos
leísteis
leyeron

Vokal + ~~i~~ + Vokal
y

Ebenso: *creer, caerse*.

El padre leyó el periódico.
Der Vater las die Zeitung.

8.3 Der neutrale Artikel *lo* (el artículo neutro *lo*)

Paso 3

Lo mejor de las vacaciones fueron las fiestas. Das Beste an den Ferien waren die Feiern.	*lo* + adjetivo Substantivierung eines Adjektivs

Wie bereits bekannt, kann *lo* auch Pronomen sein. → G 4.1

—¿Conoces a mi primo Claudio? —No, no lo conozco. „Kennst du meinen Cousin Claudio?" „Nein, ich kenne ihn nicht."	*lo* als unbetontes Akkusativpronomen der 3. Person Singular (maskulin)
—¿Sabes que el sábado hay una fiesta en su casa? —Sí, lo sé. Me lo contó Javier. „Weißt du, dass am Samstag bei ihm zu Hause eine Party stattfindet?" „Ja, das weiß ich. Javier hat es mir erzählt."	*lo* kann sich auch auf einen kompletten Satz oder Sachverhalt beziehen, der zuvor genannt wurde.

8.4 Das Relativpronomen *lo que* (el pronombre relativo *lo que*)

Paso 3

	lo que wird verwendet, wenn
Al profesor no le gusta **lo que** algunos estudiantes hacen. Dem Lehrer gefällt das, was manche Schüler machen, nicht.	– der Relativsatz sich auf einen Sachverhalt bezieht: „das, was“.
El profesor explica todo **lo que** los estudiantes quieren saber. Der Lehrer erklärt alles, was die Schüler wissen wollen.	– das Bezugswort *todo* ist: „alles, was“.
Los estudiantes trabajan mucho, **lo que** le gusta al profesor. Die Schüler arbeiten viel, was dem Lehrer gefällt.	– ein vorhergehender Satz kommentiert wird (mit Komma): „..., was“.

Mutter: Mach deine Hausaufgaben, Javier.
Javier: Es tut mir leid, Mama, aber ich verstehe nicht, was du sagst.

8.5 Das Partizip Perfekt (el participio)

Paso 4

Regelmäßige Bildung:

-ar: Stamm + *-ado*
tom**ado**

-er / *-ir*: Stamm + *-ido*	
com**ido**	viv**ido**

Sonderformen:

hacer	→	hecho	volver	→	vuelto
decir	→	dicho	devolver	→	devuelto
abrir	→	abierto	ver	→	visto
escribir	→	escrito	poner	→	puesto

8.6 Das Perfekt (el perfecto compuesto)

Paso 4

he has ha hemos habéis han	+	participio

Das *perfecto compuesto* wird wie das *present perfect* im Englischen gebildet.

Vergleiche:

E	*present perfect* *perfecto compuesto*	to have + Partizip des Verbs: I have played. haber + Partizip des Verbs: Yo he jugado.

Das *perfecto compuesto* wird verwendet:

1. für Handlungen und Ereignisse, die in einem Zeitraum stattgefunden haben, der noch nicht abgeschlossen ist und somit noch als Gegenwart angesehen wird. Die Handlung selbst kann dabei schon abgeschlossen sein.

   Typische Zeitangaben:
   hoy (heute), **hasta ahora** (bis jetzt), **últimamente** (in letzter Zeit), **siempre** (immer), **nunca** (nie), **esta mañana** (heute Morgen), **esta semana** (diese Woche), **este mes** (diesen Monat), **este año** (dieses Jahr), **en este siglo** (in diesem Jahrhundert), **todavía no** (noch nicht), **ya** (schon).

Nur **todavía no** se ha levantado.	Nur ist noch nicht aufgestanden.
Esta semana se ha acostado siempre muy tarde.	Diese Woche ist sie immer sehr spät zu Bett gegangen.
Últimamente ha dormido poco.	In letzter Zeit hat sie wenig geschlafen.

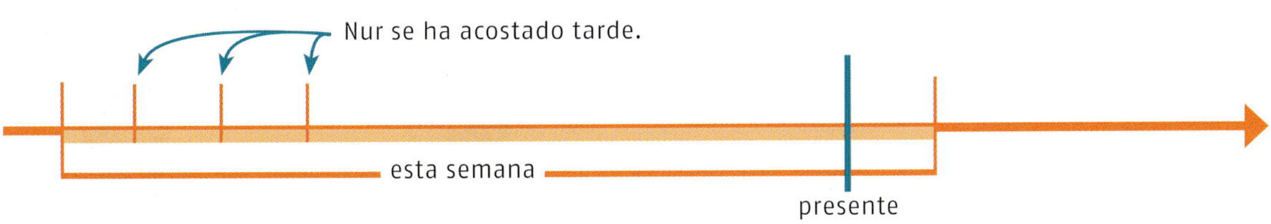

→

2. für Handlungen und Ereignisse, die in der Vergangenheit stattgefunden haben, aber in der Gegenwart noch von Bedeutung sind, zum Beispiel weil ein Ergebnis vorliegt, oder weil sie Auswirkungen auf die Gegenwart haben.

Farouk se **ha fracturado** el brazo (por eso le duele ahora). Ya **ha desayunado** (por eso no tiene hambre ahora).	Farouk hat sich den Arm gebrochen (deswegen tut er ihm jetzt weh). Er hat schon gefrühstückt (deswegen hat er jetzt keinen Hunger).

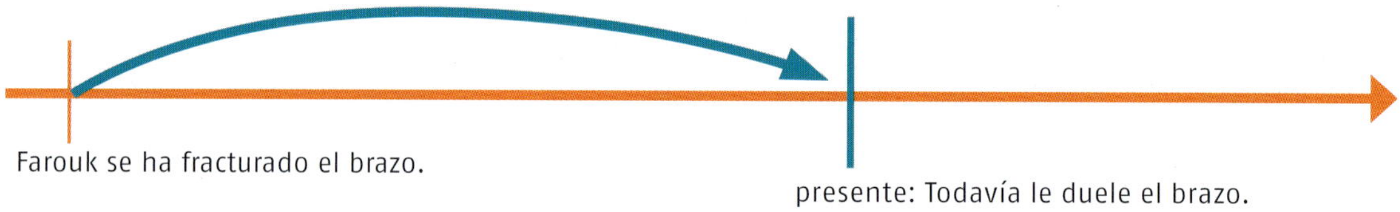

Auch das *present perfect* im Englischen wird für abgeschlossene Handlungen verwendet, die Auswirkungen auf die Gegenwart haben.

Vergleiche:

E Farouk can't go to school because he **has had** an accident.
Farouk no puede ir al colegio porque **ha tenido** un accidente.

8.7 *acabar de* + Infinitiv (*acabar de* + infinitivo)

Paso 4

Farouk **acaba de despertarse**.	Farouk ist gerade aufgewacht.
Nur **acaba de prepararle** el desayuno.	Nur hat ihm gerade das Frühstück gemacht.
Su madre **acaba de entrar** en su habitación.	Seine Mutter ist gerade in sein Zimmer gekommen.

acabar de + infinitivo drückt Vorzeitigkeit aus. Man bezeichnet damit Ereignisse oder Handlungen, die gerade stattgefunden haben bzw. gerade beendet wurden.

Farouk: Ich habe gerade gefrühstückt. Nur hat mir gerade das Frühstück gemacht.

Etapa 9 *Recordando las últimas vacaciones*

9.1 Verben mit speziellen Bedeutungen im Indefinido (verbos con un significado especial en el pretérito indefinido)

Paso 1

Manche Verben haben im *pretérito indefinido* eine andere Bedeutung als im Präsens.

Sé que aquí hay muchos cocodrilos. Ich weiß, dass es hier viele Krokodile gibt. Me dio un susto cuando **supe** que aquí hay cocodrilos. Ich erschrak, als ich erfuhr, dass es hier Krokodile gibt.	**saber** → im Präsens: **wissen** → im *indefinido*: **erfahren**
—¿**Conoces** a mi vecino Lucho? —Sí, lo **conozco**. „Kennst du meinen Nachbarn Lucho?" „Ja, ich kenne ihn." —¿Dónde os **conocisteis**?, ¿en el colegio? —No, nos **conocimos** en la universidad. „Wo habt ihr euch kennen gelernt; in der Schule?" „Nein, wir lernten uns im Studium kennen."	**conocer** → im Präsens: **kennen** → im *indefinido*: **kennen lernen**

9.2 *volver a* + Infinitiv (*volver a* + infinitivo)

Paso 3

Mucha gente **vuelve a hacer** el Camino de Santiago.
Viele Leute pilgern noch einmal auf dem Jakobsweg.

También Ana y su hermana **han vuelto a hacer**lo este año.
Auch Ana und ihre Schwester haben es dieses Jahr ein weiteres Mal getan.

Volví a verlas el sábado y me lo contaron.
Ich habe sie am vergangenen Samstag wieder gesehen, und da haben sie es mir erzählt.

Farouk: Und wie waren deine Ferien?
Isabel: Fantastisch... aber ich weiß nicht, ob ich noch einmal reiten werde.

volver a + Infinitiv drückt aus, dass eine Handlung wiederholt wird oder ein Ereignis erneut stattfindet. Im Deutschen lässt sich diese Konstruktion gut mit „wieder", „noch einmal", „ein weiteres Mal" oder „erneut" wiedergeben.

9.3 *seguir* + Gerundium (*seguir* + gerundio)

Paso 2

—¿**Sigues pensando** en tus vacaciones?	„Denkst du noch an deine Ferien?“
—Sí, sobre todo porque aquí **sigue haciendo** mal tiempo. Y en la radio dicen que va a **seguir lloviendo** hasta el fin de semana.	„Ja, vor allem weil wir hier immer noch schlechtes Wetter haben. Und im Radio sagen sie, dass es noch bis zum Wochenende weiter regnen wird.“

Mit *seguir* + Gerundium drückt man aus, dass jemand etwas weiterhin macht bzw. dass ein Zustand weiterhin andauert. Im Deutschen lässt sich diese Konstruktion gut mit „immer noch“, „noch“, „weiterhin“ oder „weiter“ wiedergeben.

9.4 *qué* in Ausrufesätzen (*qué* en frases exclamativas)

Paso 1

¡Qué interesante!	Wie interessant!	qué + adjetivo
¡Qué bien!	Wie gut!	qué + adverbio
¡Qué música!	Was für eine Musik!	qué + sustantivo
¡Qué buena idea!	Was für eine gute Idee!	qué + adjetivo + sustantivo
¡Qué fotos tan bonitas!	Welch schöne Fotos!	
¡Qué música más aburrida!	Was für eine langweilige Musik!	

In Ausrufen steht *qué* vor Adjektiven, Adverbien oder Substantiven. Es kann dann mit „wie“, „was für ein/-e“ oder „welch“ übersetzt werden.

Steht *qué* vor Adjektiv + Substantiv, kann die Reihenfolge auch umgekehrt werden; oft steht dann *tan* oder *más* zwischen Substantiv und Adjektiv, was dem Ausruf noch mehr Nachdruck verleiht.

Anahí: María, was für ein hübsches Kleid!
Nur: Ja, wie schick!
Anahí: Und wie gut es dir steht!
María Jesús: Mädels, kommt schon ...

9.5 *de lo que* im Vergleich (*de lo que* en la frase comparativa)

Paso 3

Gibraltar es más interesante **de lo que** parece . Gibraltar ist interessanter als es scheint. Allí vi más americanos **de lo que** os podéis imaginar . Dort sah ich mehr Amerikaner als ihr euch vorstellen könnt. Parece que hablo inglés mejor **de lo que** pienso. Offenbar spreche ich besser Englisch als ich annehme.	comparativo + **de lo que** + verbo

Enthält der zweite Teil eines Vergleichs eine konjugierte Verbform, wird er mit *de lo que* eingeleitet.

Juan Manuel: Ein Referat vorzubereiten ist einfacher und lustiger als ihr denkt.

9.6 Das Bedingungsgefüge (oraciones subordinadas condicionales)

Paso 3

Das Bedingungsgefüge besteht aus zwei Teilsätzen. Der Nebensatz wird mit *si* eingeleitet und drückt die Bedingung aus, der Hauptsatz die Folge. Für die Zeitenfolge gelten feste Regeln.

si + presente → *presente, futuro, imperativo*	
Si terminamos temprano los deberes, **vamos** al parque. Wenn wir früh mit den Hausaufgaben fertig sind, gehen wir in den Park. Si no llueve, **vamos a jugar** al fútbol hasta las siete. Falls es nicht regnet, werden wir bis sieben Uhr Fußball spielen. Si puedes, **llámame** después de las siete. Wenn du kannst, ruf mich nach sieben Uhr an.	**Realis der Gegenwart** Die reale Bedingung bezieht sich auf die Zukunft oder die Gegenwart. Ihr Eintreten ist sehr wahrscheinlich.

Vergleiche:

Im Englischen werden diese Sätze ebenso konstruiert:

E If the weather is nice tomorrow, we'll **have** a barbecue in the garden.
If you have time, please **come** to our garden party.

9.7 Das Possessivpronomen (el pronombre posesivo) *Paso 3*

9.7.1 Die betonten Possessivbegleiter (los pronombres posesivos, forma tónica) *Paso 3*

Im Spanischen können Possessiva als Begleiter oder als Pronomen verwendet werden. Bei der Verwendung als Begleiter unterscheidet man zusätzlich zwischen den unbetonten (→ G 2.5) und betonten Formen.

Die betonten Formen des Possessivbegleiters richten sich in Genus und Numerus nach dem Bezugswort:

Singular		Plural	
mío	mía	míos	mías
tuyo	tuya	tuyos	tuyas
suyo	suya	suyos	suyas
nuestro	nuestra	nuestros	nuestras
vuestro	vuestra	vuestros	vuestras
suyo	suya	suyos	suyas

Die betonten Possessivbegleiter verwendet man, …

—¿Es **tuyo** este libro? —Sí, y esas llaves son **vuestras**, ¿verdad?	Gehört dieses Buch dir? (= Ist dieses Buch deins?) Ja, und diese Schlüssel gehören euch (= sind eure), nicht wahr?	… für dt. „gehören“: *ser* + Possessivbegleiter (betont)
—**Un** tío **mío** vive en Inglaterra. Ayer quedamos con **dos** hijas **suyas**. **Algunos** amigos **míos** fueron a cenar con nosotros. ¿Por qué no estuviste tú? Esas primas **mías** son muy simpáticas. —No fue culpa **mía**, tuve que estudiar para un examen.	Ein Onkel von mir lebt in England. Gestern haben wir uns mit zwei seiner Töchter getroffen. Einige meiner Freunde sind mit uns Essen gegangen. Warum warst du nicht dabei? Diese Cousinen von mir sind sehr nett. Das war nicht meine Schuld, ich musste für eine Klausur lernen.	… wenn vor dem Substantiv • ein unbestimmter Artikel, • ein Zahlwort, • ein Indefinitpronomen, • ein Demonstrativpronomen • oder kein Artikel steht.

9.7.2 Die Possessivpronomen (los pronombres posesivos)

Paso 3

Die Formen entsprechen denen des betonten Possessivbegleiters.

Die Possessivpronomen werden verwendet, …

—¿Es **el tuyo** este libro? —Sí, y esas llaves son **las vuestras**, ¿verdad?	„Gehört dieses Buch dir? (= Ist dieses Buch das deine?)" „Ja, und diese Schlüssel gehören euch (= sind die euren), nicht wahr?"	… für dt. „gehören": *ser* + Artikel + Possessivpronomen
Mi boli no escribe, ¿me dejas **el tuyo**? ¿Qué fotos os gustan más, **las suyas** o **las nuestras**?	Mein Kuli schreibt nicht, leihst du mir deinen? Welche Fotos gefallen euch besser, ihre oder unsere?	… an Stelle eines vorher erwähnten Substantivs

Die Possessivpronomen richten sich in Genus und Numerus nach dem Substantiv, das sie ersetzen.

Beachte:
Die Possessivpronomen stehen <u>immer</u> mit dem bestimmten Artikel!

Moritz: Hör mal, Anahí, ist das dein Schlüssel?
Anahí: Nein, das ist nicht meiner. Frag Juan Manuel, ich glaube, das ist seiner.

Etapa 10 *Excursiones al pasado*

10.1 Das Imperfecto (el pretérito imperfecto)

Paso 1

Regelmäßige Formen:

-ar	*-er*	*-ir*
habl**aba**	com**ía**	viv**ía**
habl**abas**	com**ías**	viv**ías**
habl**aba**	com**ía**	viv**ía**
habl**ábamos**	com**íamos**	viv**íamos**
habl**abais**	com**íais**	viv**íais**
habl**aban**	com**ían**	viv**ían**

Unregelmäßige Formen:

ser	*ir*	*ver*
era	iba	veía
eras	ibas	veías
era	iba	veía
éramos	íbamos	veíamos
erais	ibais	veíais
eran	iban	veían

Gebrauch:

Mit dem *pretérito imperfecto* beschreibst du Vorgänge, die sich in der Vergangenheit gewohnheitsmäßig wiederholten. Außerdem kannst du es verwenden, um zu beschreiben, wie Situationen und Zustände in der Vergangenheit waren. Zur genauen Abgrenzung zum *pretérito indefinido* → G 10.2

Cornelia **era** una mujer romana.
Cornelia war eine Römerin.

Era muy bonita y siempre **estaba** contenta.
Sie war sehr hübsch und immer gut gelaunt.

Todos los días **iba** al mercado y **hacía** la compra.
Jeden Tag ging sie auf den Markt und kaufte ein.

10.2 Die Verwendung des Imperfecto und des Indefinido (el uso de pretérito imperfecto e indefinido)

Pasos 1, 2

Imperfecto	Indefinido
Das *imperfecto* gebrauchst du zur Beschreibung einer Situation, einer Sachlage oder eines Zustandes in der Vergangenheit. Ob diese abgeschlossen sind, ist dabei völlig unwichtig. Hier findet keine „Aktion“ im eigentlichen Sinne statt.	Das *indefinido* gebrauchst du zur Bezeichnung einer Handlung, die in einem Zeitraum oder zu einem Zeitpunkt in der Vergangenheit stattfand, der definitiv abgeschlossen ist. Es handelt sich dabei um eine Handlung, die eine „Aktion“ ausdrückt.
Leitfrage: Was **war** (schon)?	**Leitfrage:** Was **geschah** (dann)?
Antes de los romanos **había** muchos pueblos que **vivían** en la Península Ibérica. Vor den Römern gab es viele Völker, die auf der Iberischen Halbinsel lebten.	En el año 218 a. C. los romanos **llegaron** a la Península Ibérica. Im Jahr 218 v. Chr. kamen die Römer auf die Iberische Halbinsel.

Im einzelnen beschreibt oder benennt man mit den beiden Zeiten folgendes:

1. eine Situation in der Vergangenheit, die bereits andauert, als ein neues Ereignis hinzutritt (Hintergrundsgeschehen) En la Península Ibérica **vivían** muchos pueblos diferentes cuando llegaron los romanos. Auf der Iberischen Halbinsel lebten viele verschiedene Völker, als die Römer kamen.	1. eine Handlung in der Vergangenheit, die zu einer bereits andauernden hinzukommt, das heißt, die erst neu einsetzt En la Península Ibérica vivían muchos pueblos diferentes cuando **llegaron** los romanos. Auf der Iberischen Halbinsel lebten viele verschiedene Völker, als die Römer kamen.
2. Dinge, Vorgänge, Situationen, sowie Alter, Beruf, Aussehen, Charakter von Personen, etc. Los romanos **hablaban** latín. Die Römer sprachen Latein. Las ciudades **tenían** nombres diferentes. Die Städte hatten andere Namen. Entonces mucha gente no **sabía** leer ni escribir. Damals konnten viele Leute weder lesen noch schreiben.	2. ein einmaliges Ereignis in der Vergangenheit, das heißt einen konkreten Einzelfall Los romanos **trajeron** su idioma, el latín. Die Römer brachten ihre Sprache mit, das Lateinische. Dieses Ereignis kann auch von längerer Dauer gewesen sein, ist aber definitiv abgeschlossen. Los judíos **vivieron** en España hasta 1492. Die Juden lebten in Spanien bis 1492.

→

3. Gewohnheiten oder Handlungen, die sich regelmäßig wiederholten Todos los domingos **íbamos** al teatro. Jeden Sonntag gingen wir ins Theater.	**3.** eine wiederholte Handlung, wenn genau angegeben wird, wie oft die Wiederholung erfolgte El año pasado **fui** tres veces al teatro. Im letzten Jahr war ich dreimal im Theater.
4. gleichzeitig ablaufende Handlungen En el teatro algunos **escuchaban** y **miraban** a los actores, otros **comían** o **bebían**, pero todos **se divertían** mucho. Im Theater hörten und sahen einige den Schauspielern zu, andere aßen oder tranken, aber alle amüsierten sich sehr.	**4.** aufeinander folgende Handlungen (das vorausgegangene Ereignis ist dabei jeweils abgeschlossen) Por la tarde **entré** en el teatro, **me senté** y **vi** la obra. Cuando **terminó**, **me fui** a casa. Abends betrat ich das Theater, setzte mich hin und sah das Stück an. Als es zu Ende war, ging ich nach Hause.
typische Zeitangaben: antes, cuando era niño/-a, entonces	**typische Zeitangaben:** un día, de repente, de pronto

Vergleiche:
Im Englischen werden *past progressive* und *simple past* oft ganz ähnlich verwendet wie *pretérito imperfecto* und *pretérito indefinido*:

E When Anahí **got** home, her mother **was making** some fresh tea.
Cuando Anahí **llegó** a casa su madre **preparaba** un té.
(neue Aktion) – **(Hintergrundgeschehen)**

E When Anahí **got** home, her mother **made** some fresh tea.
Cuando Anahí **llegó** a casa su madre **preparó** un té. **(aufeinander folgende Aktionen)**

Ähnlich verhält es sich auch im Französischen mit *imparfait* (Hintergrundgeschehen) und *passé composé* (neu einsetzende Aktion).

Anahí: Es war eine kalte und dunkle Nacht.
Es war sehr windig und es regnete sehr stark.
María Jesús: Ja und?
Anahí: Ich lag im Bett und las ein Buch.
María Jesús: Ja… und?
Anahí: Und plötzlich hörte ich einen Schrei!

Etapa 11 *Así eran*

11.1 Die Verwendung von *por* und *para* (el uso de *por* y *para*)

Paso 2

Para und *por* lassen sich beide mit „für" übersetzen und werden daher gern verwechselt. Tatsächlich wird aber jedes nur in ganz bestimmten Fällen verwendet:

para	por
1. Zweck, Bestimmung (an einen Empfänger gerichtet): „um zu", „für" La abuela cosía **para** ganar dinero. Großmutter nähte um Geld zu verdienen. Cosía **para** los hospitales. Sie nähte für die Krankenhäuser. Hoy a veces cose ropa **para** mí. Heute näht sie manchmal Kleidung für mich.	1. a) Ursache, Grund: „wegen" Los abuelos se fueron a Alicante **por** el trabajo del abuelo. Meine Großeltern gingen wegen der Arbeit meines Großvaters nach Alicante. b) zwingender (innerer) Beweggrund, Handeln im Namen einer Sache: „für", „um … willen", „zuliebe" El abuelo hizo todo **por** sus nueve hijos. Großvater tat alles für seine neun Kinder. Trabajaba mucho **por** la familia. Er arbeitete viel, der Familie zuliebe.
2. Hinbewegung zu einem Zielpunkt a) zeitlich gesehen (z.B. Termin) Necesito la habitación **para** el domingo. Ich brauche das Zimmer für/ab Sonntag. b) räumlich gesehen Mañana salimos **para** Albacete. Morgen brechen wir nach Albacete auf. Allí tomamos el autobús **para** Madrid. Dort nehmen wir den Bus nach Madrid.	2. ungefähre Lage oder Anordnung innerhalb eines Raums a) zeitlich gesehen **por** la mañana, una vez **por** semana, **por** los años 50 morgens, einmal pro Woche, etwa in den 50er Jahren b) räumlich gesehen Viajaron **por** la región. Sie reisten durch die Region. Pasaron **por** unos pueblos. Sie kamen an einigen Dörfern vorbei.

→

3. persönliche Meinung, Ansicht **Para** mí, la vida en Andalucía ha sido siempre dura. Meiner Meinung nach ist das Leben in Andalusien immer schon schwierig gewesen.	**3.** Medium (Kommunikation oder Transport) Lo sé **por** lo que han contado mis abuelos. Ich weiß das von dem was meine Groß-eltern erzählt haben. Entonces no podían llamar **por** teléfono cuando necesitaban ayuda. Damals konnten sie nicht einfach einen Anruf machen, wenn sie Hilfe brauchten.
	4. Kaufpreis, Tauschobjekt, Austausch Alquilaron una casa **por** poco dinero. Sie mieteten ein Haus für wenig Geld. Compraban y vendían animales y cambiaban unos **por** otros. Sie kauften und verkauften Tiere und tauschten sie gegen andere ein.

Javier: Ein Geschenk, für mich? Danke!
Juan Manuel: Gern geschehen, es ist wegen deines Geburtstages. Es ist eine CD, mit Musik zum Tanzen.

11.2 Die Verben auf *-uir* (los verbos en *-uir*)

Paso 3

construir

presente	indefinido	gerundio
construyo	construí	construyendo
construyes	construiste	
construye	construyó	
construimos	construimos	
construís	construisteis	
construyen	construyeron	

Die Unregelmäßigkeit tritt immer dann auf, wenn der Buchstabe *i* zwischen zwei Vokalen stehen würde. → G 8.2

Vokal + ~~i~~ + Vokal
y

Berni: Ich fliehe vor der Katze!

Die Formen des *imperfecto* sind regelmäßig.
Ebenso wird konjugiert: *huir*

Regelmäßige Verben

In dieser Tabelle findet ihr eine Übersicht über die Formen der regelmäßigen Verben auf *-ar*, *-er* und *-ir*.

indicativo				
presente			**perfecto compuesto**	
llamar	*comer*	*vivir*		
llam o	com o	viv o	he	llamado
llam as	com es	viv es	has	comido
llam a	com e	viv e	ha	vivido
llam amos	com emos	viv imos	hemos	
llam áis	com éis	viv ís	habéis	
llam an	com en	viv en	han	
imperfecto				
llam aba	com ía	viv ía		
llam abas	com ías	viv ías		
llam aba	com ía	viv ía		
llam ábamos	com íamos	viv íamos		
llam abais	com íais	viv íais		
llam aban	com ían	viv ían		
indefinido				
llam é	com í	viv í		
llam aste	com iste	viv iste		
llam ó	com ió	viv ió		
llam amos	com imos	viv imos		
llam asteis	com isteis	viv isteis		
llam aron	com ieron	viv ieron		

imperativo			
(tú)	llam a	com e	viv e
(vosotros)	llam ad	com ed	viv id

formas no personales			
infinitivo	llam ar	com er	viv ir
gerundio	llam ando	com iendo	viv iendo
participio	llam ado	com ido	viv ido

Unregelmäßige Verben

Die folgende Tabelle gibt eine Übersicht über alle in ***Contigo 1*** vorkommenden unregelmäßigen Verben. Sie ist in drei Teile gegliedert:

- Gruppenverben,
- unregelmäßige Verben,
- Verben mit orthographischen Besonderheiten in der Konjugation.

Die Unregelmäßigkeiten sind jeweils farbig hervorgehoben. Alle in der Tabelle nicht enthaltenen Formen sind regelmäßig bzw. regelmäßig abzuleiten nach den im folgenden aufgeführten Regeln.

Ableitungsregeln für Konjugationsformen

Die Bildung des *imperativo*

Imperativo afirmativo:

2. Person Sg.: Die Form entspricht der 3. Person Sg. des *indicativo presente*.

2. Person Pl.: Die Form wird aus dem Infinitiv abgeleitet: An die Stelle des *-r* tritt ein *-d*.

él llama → ¡llama (tú)!
llamar → ¡llamad (vosotros)!

Gruppenverben

	indicativo presente	indicativo indefinido	indicativo imperfecto	imperativo / gerundio / participio
1. pensar (e → ie)	pienso piensas piensa pensamos pensáis piensan			
2. entender (e → ie)	entiendo entiendes entiende entendemos entendéis entienden			

	indicativo presente	indicativo indefinido	indicativo imperfecto	imperativo / gerundio / participio
3. contar (o → ue)	cuento cuentas cuenta contamos contáis cuentan			
4. morder (o → ue)	muerdo muerdes muerde mordemos mordéis muerden			
5. jugar (u → ue)	juego juegas juega jugamos jugáis juegan	jugué jugaste jugó jugamos jugasteis jugaron		
6. conocer	conozco conoces conoce conocemos conocéis conocen			
7. pedir (e → i)	pido pides pide pedimos pedís piden	pedí pediste pidió pedimos pedisteis pidieron		g: pidiendo
8. sentir (e → ie)	siento sientes siente sentimos sentís sienten	sentí sentiste sintió sentimos sentisteis sintieron		g: sintiendo

	indicativo presente	indicativo indefinido	indicativo imperfecto	imperativo / gerundio / participio
9. dormir (o → ue)	duerme duermes duerme dormimos dormís duermen	dormí dormiste durmió dormimos dormisteis durmieron		g: durmiendo
10. construir	construyo construyes construye construimos construís construyen	construí construiste construyó construimos construisteis construyeron		g: construyendo p: construido

Unregelmäßige Verben

	indicativo presente	indicativo indefinido	indicativo imperfecto	imperativo / gerundio / participio
11. abrir	regelmäßig, mit Ausnahme des Partizips			p: abierto
12. caerse	me caigo te caes se cae nos caemos os caéis se caen	me caí te caíste se cayó nos caímos os caísteis se cayeron		g: cayéndose p: caído
13. conducir	conduzco conduces conduce conducimos conducís conducen	conduje condujiste condujo condujimos condujisteis condujeron		
14. dar	doy das da damos dais dan	di diste dio dimos disteis dieron		

	indicativo presente	indicativo indefinido	indicativo imperfecto	imperativo / gerundio / participio
15. decir	digo dices dice decimos decís dicen	dije dijiste dijo dijimos dijisteis dijeron		i: di (tú) g: diciendo p: dicho
16. descubrir	regelmäßig, mit Ausnahme des Partizips			p: descubierto
17. escribir	regelmäßig, mit Ausnahme des Partizips			p: escrito
18. estar	estoy estás está estamos estáis están	estuve estuviste estuvo estuvimos estuvisteis estuvieron		
19. haber	he has ha / hay *(impersonal)* hemos habéis han	hubo *(impersonal)*		
20. hacer	hago haces hace hacemos hacéis hacen	hice hiciste hizo hicimos hicisteis hicieron		i: haz (tú) p: hecho
21. ir	voy vas va vamos vais van	fui fuiste fue fuimos fuisteis fueron	iba ibas iba íbamos ibais iban	i: ve (tú) id (vosotros) g: yendo p: ido
22. morir	wie 9. *dormir*, mit Ausnahme des Partizips			p: muerto

	indicativo presente	indicativo indefinido	indicativo imperfecto	imperativo / gerundio / participio
23. oír	oigo oyes oye oímos oís oyen	oí oíste oyó oímos oísteis oyeron		i: oíd (vosotros) g: oyendo p: oído
24. poder	puedo puedes puede podemos podéis pueden	pude pudiste pudo pudimos pudisteis pudieron		g: pudiendo
25. poner	pongo pones pone ponemos ponéis ponen	puse pusiste puso pusimos pusisteis pusieron		i: pon (tú) p: puesto
26. querer	quiero quieres quiere queremos queréis quieren	quise quisiste quiso quisimos quisisteis quisieron		
27. romper	regelmäßig, mit Ausnahme des Partizips			p: roto
28. saber	sé sabes sabe sabemos sabéis saben	supe supiste supo supimos supisteis supieron		
29. salir	salgo sales sale salimos salís salen			i: sal (tú)

	indicativo presente	indicativo indefinido	indicativo imperfecto	imperativo / gerundio / participio
30. ser	soy eres es somos sois son	fui fuiste fue fuimos fuisteis fueron	era eras era éramos erais eran	i: sé (tú) g: siendo p: sido
31. tener	tengo tienes tiene tenemos tenéis tienen	tuve tuviste tuvo tuvimos tuvisteis tuvieron		i: ten (tú)
32. traer	traigo traes trae traemos traéis traen	traje trajiste trajo trajimos trajisteis trajeron		g: trayendo p: traído
33. valer	valgo vales vale valemos valéis valen			
34. venir	vengo vienes viene venimos venís vienen	vine viniste vino vinimos vinisteis vinieron		i: ven (tú) g: viniendo
35. ver	veo ves ve vemos veis ven	vi viste vio vimos visteis vieron	veía veías veía veíamos veíais veían	
36. volver	wie 4. *morder*, mit Ausnahme des Partizips			p: vuelto

Verben mit orthographischen Besonderheiten in der Konjugation

	indicativo presente	indicativo indefinido	indicativo imperfecto	imperativo / gerundio / participio
37. -car	toco tocas toca tocamos tocáis tocan	**toqu**é tocaste tocó tocamos tocasteis tocaron		
38. -gar	llego llegas llega llegamos llegáis llegan	**llegu**é llegaste llegó llegamos llegasteis llegaron		
39. -zar	cruzo cruzas cruza cruzamos cruzáis cruzan	**cruc**é cruzaste cruzó cruzamos cruzasteis cruzaron		
40. -cer	**convenz**o convences convence convencemos convencéis convencen			
41. -ger	reco**j**o recoges recoge recogemos recogéis recogen			
42. -gir	**dirij**o diriges dirige dirigimos dirigís dirigen			

	indicativo presente	indicativo indefinido	indicativo imperfecto	imperativo / gerundio / participio
43. -guir	distingo distingues distingue distinguimos distinguís distinguen			
44. creer	creo crees cree creemos creéis creen	creí creíste creyó creímos creísteis creyeron		g: creyendo p: creído
45. reír	río ríes ríe reímos reís ríen	reí reíste rió reímos reísteis rieron		i: ríe (tú) reíd (vosotros) g: riendo p: reído

Liste der Verben mit unregelmäßigen Formen

Diese Liste enthält alle Verben aus *Contigo A1* mit unregelmäßigen Formen. Die Zahl hinter jedem Verb verweist auf die Nummer eines in der vorhergehenden Tabelle aufgeführten Verbs, das die gleichen Unregelmäßigkeiten aufweist. So bedeutet z. B. **preferir → 8**, dass ***preferir*** wie das Verb unter **8.**, ***sentir***, konjugiert wird. Sind zwei Zahlen angeführt, weist das betreffende Verb zusätzlich eine orthographische Besonderheit auf, die ebenfalls in der Tabelle unter der jeweils angegebenen Nummer zu finden ist.

A
abrir → 11
acostarse → 3
apagar → 38
apetecer → 6
arrancar → 37
atacar → 37

B
buscar → 37

C
caerse → 12
calentar → 1
conducir → 13
conocer → 6
construir → 10
contar → 3
convencer → 40
costar → 3
crecer → 6
creer → 44
cruzar → 39

D
dar → 14
decir → 15
dedicarse → 37
desaparecer → 6
descubrir → 16
despertar(se) → 1
detener(se) → 31
devolver → 36
divertirse → 8
doler → 4
dormir(se) → 9

E
empezar → 1, 39
encender → 2
encontrar → 3
entender → 2
entregar → 38
equivocarse → 37
escribir → 17
estar → 18
explicar → 37

H
haber → 19
hacer → 20

I
ir(se) → 21

J
jugar → 5, 38

L
leer → 44
llegar → 38
llover → 4

M
morder → 4
morir → 22
mostrar → 3

N
nacer → 6
navegar → 38
nevar → 1

O
ofrecer → 6
oír → 23
organizar → 39

P
pagar → 38
parecer → 6
pedir → 7
pensar → 1
perder → 2
perseguir → 7
poder → 24
poner → 25
practicar → 37
preferir → 8
prevenir → 34
probarse → 3
proponer → 25
publicar → 37

Q
querer → 26

R
recoger → 41
recomendar → 1
reconocer → 6
recordar → 3
reír(se) → 45
repetir → 7

S
saber → 28
sacar → 37
salir → 29
seguir → 7, 43
sentarse → 1
sentir(se) → 8
ser → 30
significar → 37
sonar → 3
soñar → 3

T
tener → 31
tocar → 37
traer → 32
traducir → 13
tropezar → 1, 39

V
venir → 34
ver → 35
vestirse → 7
volar → 3
volver → 36

Stichwortverzeichnis

Die Zahlenangaben beziehen sich auf die Paragraphen.